O Sindicalismo Brasileiro após 1930

Marcelo Badaró Mattos

O Sindicalismo Brasileiro após 1930

ZAHAR

Capa
Sérgio Campante

CIP-Brasil. Catalogação na fonte
Sindicato Nacional dos Editores de Livros, RJ

Mattos, Marcelo Badaró
M392s O sindicalismo brasileiro após 1930 / Marcelo Badaró Mattos. — 1ª ed. — Rio de Janeiro: Zahar, 2003.
il. — (Descobrindo o Brasil)

Inclui bibliografia
ISBN 978-85-7110-716-8

1. Sindicalismo — Brasil — História — 1930-. 2. Sindicatos — Brasil — História — 1930-. I. Título. II. Série.

03-0699 CDD: 331.880981
CDU: 331.105.44 (81)

EDITORA SCHWARCZ S.A.
Praça Floriano, 19, sala 3001 — Cinelândia
20031-050 — Rio de Janeiro — RJ
Telefone: (21) 3993-7510
www.companhiadasletras.com.br
www.blogdacompanhia.com.br
facebook.com/editorazahar
instagram.com/editorazahar
twitter.com/editorazahar

FSC
www.fsc.org
MISTO
Apoiando o manejo florestal responsável
FSC® C128038

A marca FSC® é a garantia de que a madeira utilizada na fabricação do papel deste livro provém de florestas que foram gerenciadas de maneira ambientalmente correta, socialmente justa e economicamente viável, além de outras fontes de origem controlada.

Esta obra foi composta por TopTextos Edições Gráficas em Adobe Garamond Pro e Libre Semi Sans e impressa em processo sob demanda pela Um Livro sobre papel offset para a Editora Schwarcz a partir de 2024

Sumário

Créditos das ilustrações

1. Acervo da Fundação Getulio Vargas/CPDOC.

2 e 3. Arquivo Público do Estado do Rio de Janeiro.

4 e 5. Arquivo Memória Operária do Rio de Janeiro / Doação de Giovanni Maranhão.

6. Fotografia de Juca Martins / Olhar Imagem.

7. Fotografia de João Roberto Ripper.

Introdução

O processo de formação da classe trabalhadora no Brasil foi marcado por uma série de especificidades em relação ao padrão clássico dos países de desenvolvimento industrial mais antigo. A mais importante delas decorre do fato de até 1888 terem convivido formas de trabalho livre e a escravidão. No espaço urbano, em especial nas cidades de maior porte do século XIX, como o Rio de Janeiro, a passagem do artesanato à manufatura e desta à indústria, acompanhada do processo de proletarização dos artesãos, convertidos ao assalariamento, vinha ocorrendo desde meados do século. Porém, no mesmo espaço dos estabelecimentos "fabris", também se empregavam escravos. Uma convivência que se estendia aos setores de serviços, das áreas empresariais ao trabalho avulso nas ruas. Além disso, num ritmo cada vez mais acelerado nas últimas décadas daquele século, ingressaram no país levas expressivas de imigrantes europeus, que se juntaram aos brasileiros — livres ou libertos — no processo de formação do mercado de trabalho assalariado.

Carregando tradições e experiências diversas, esse conjunto heterogêneo de trabalhadores construiu formas variadas de associativismo e protagonizou episódios de luta coletiva com graus diferenciados de organização.

Por volta da primeira década do século XX, grupos expressivos de trabalhadores urbanos buscaram nas "sociedades de resistência", ou sindicatos, uma forma de organização coletiva que respondesse à demanda por representação dos seus interesses junto aos patrões e ao Estado, no que diz respeito às questões do mundo do trabalho. Através dos sindicatos, multiplicaram-se os momentos de luta coletiva organizada, como as greves, um instrumento do qual os trabalhadores brasileiros já vinham lançando mão, embora em escala bastante restrita, nas décadas anteriores.

Como referência política para essas organizações e formas de luta, estava à disposição dos trabalhadores brasileiros uma série de análises críticas da sociedade de classes e de propostas políticas de intervenção na realidade. Socialismo, anarquismo, cooperativismo, cristianismo social, mais adiante comunismo, entre outras propostas de transformação social ou colaboração de classes já haviam sido formuladas em outros espaços nacionais, e os trabalhadores brasileiros delas lançaram mão, adaptando-as à sua realidade.

No decurso desse processo, a exploração a que estavam submetidos criava entre os trabalhadores o elo em torno do qual identificavam seus interesses comuns, bem como os interesses a eles opostos, os dos patrões. Também no Brasil, foi em meio a este conflito típico da sociedade capitalista que os trabalhadores constituíram-se como classe. Conflito que alcançou momentos de grande tensão nos últimos anos da década de 1910, quando greves gerais e ameaças de insurreições operárias nos maiores centros urbanos causaram o impacto de afirmar o poder de mobilização da classe trabalhadora entre os próprios membros da classe e frente aos demais setores da sociedade.

O que demandavam esses trabalhadores? Salários maiores, jornadas menores e condições de trabalho melhores eram as reivindicações mais importantes. Reivindicações que se destacavam até porque, a não ser por algumas poucas regras legais limitando o trabalho de menores (em geral descumpridas), inexistia legislação trabalhista, tal qual entendemos hoje essa expressão. Garantias de seguridade social, como auxílios-doença, pensões para viúvas e aposentadorias, só existiam a partir de caixas assistenciais montadas pelos próprios trabalhadores e, portanto, bastante limitadas. A intervenção do Estado na "questão social", no entanto, acontecia, mas concentrava-se na repressão policial ao movimento operário organizado e nas garantias para a oferta abundante de mão-de-obra, através das subvenções à imigração ou da repressão aos considerados "ociosos".

No início da década de 1920, após a onda de mobilizações dos anos anteriores, aumentou a pressão empresarial pela intervenção repressiva do Estado, mas também ganharam maior volume as vozes que defendiam a necessidade de formulação de "políticas sociais" voltadas para o atendimento seletivo das demandas — e a contenção das lutas autônomas — dos trabalhadores. Na esteira dessas discussões foram tomadas algumas medidas restritas a certos grupos profissionais, no sentido de criarem-se por exemplo Caixas de Aposentadoria e Pensão reguladas pelo poder público.

Seria, por tudo isso, bastante equivocado considerar que a história da classe trabalhadora ou de suas organizações possa ter seu marco inicial na década de 1930, ou mesmo restrinja-se ao século XX. Este livro, porém, detém-se no período do pós-1930, época de mudanças significativas, em especial no sistema político brasileiro. Uma delimitação, mas que nos permite atentar com maior cuidado para processos importantes dessa trajetória já centenária.

Os trabalhadores, os sindicatos e o primeiro governo de Vargas

O movimento operário brasileiro não se iniciou em 1930, nem foi esse o momento inaugural das políticas públicas em relação aos trabalhadores. Porém, é inegável que mudanças significativas se operaram na sociedade brasileira a partir da chamada Revolução de 1930. Mudanças na política econômica, reorientando paulatinamente investimentos e prioridades para o setor urbano-industrial, sem entretanto qualquer ruptura mais abrupta com os interesses da grande lavoura. Alterações no papel do Estado, economicamente mais interventor e politicamente mais centralizador, que, com todas as nuances e possibilidades em jogo, tendeu a caminhar no sentido de uma conformação francamente autoritária. Para o tema discutido neste livro, a novidade mais significativa foi a proposta difundida nos discursos dos dirigentes da época de convivência harmônica entre trabalhadores e empresários, arbitrada por um Estado que seria, ainda segundo aqueles discursos, ao mesmo tempo regulador e protetor, apresentando-se como inventor da legislação social.

Esta era composta na realidade por quatro núcleos básicos de leis: a) a legislação previdenciária, generalizando as primeiras experiências dos anos 1920 com as Caixas de Aposentadorias e Pensões, mais tarde chamadas de Institutos, que, com contribuições do Estado, dos patrões e dos trabalhadores, iriam garantir um mínimo em termos de seguridade social — aposentadorias, pensões, indenizações e assistência médica; b) as leis trabalhistas propriamente ditas, que regulavam jornadas e condições de trabalho, férias, descansos semanais remunerados, pisos salariais etc.; c) a legislação sindical, que instituiu o modelo do sindicato único por categoria e região (monopólio da representação), a estrutura vertical por categorias (sindicatos no nível local, federações no âmbito regional e confederações de abrangência nacional), e a tutela do Ministério do Trabalho sobre as entidades sindicais, com poder de fiscalização das atividades e de intervenção nas direções; d) as leis que instituíam a Justiça do Trabalho, encarregada de arbitrar os conflitos de natureza trabalhista.

Uma novidade: o sindicato oficial. As relações entre Estado e trabalhadores viveram, no primeiro governo Vargas, diferentes fases. Uma primeira, limitada ao período 1930-34, foi marcada pela criação do Ministério do Trabalho, Indústria e Comércio (MTIC), chamado de "Ministério da Revolução". Do MTIC, nessa etapa, originou-se a quase totalidade das leis que foram depois reunidas e sistematizadas, em 1943, na Consolidação das Leis do Trabalho (CLT). O Ministério também foi responsável pela difusão do novo modelo do sindicato oficial, reconhecido mas tutelado, que de início enfrentou competição das organizações sindicais autônomas construídas ao longo das três primeiras décadas do século. Os objetivos desses novos sindicatos eram claros: servir como interlocutores dos trabalhadores junto ao governo e vice-versa, funcionando por dentro do Estado, como órgãos públicos e, portanto, submetidos também às diretrizes das demais instâncias governamentais.

Na exposição de motivos do decreto nº 19.770, de 1931, que criava o sindicato oficial, o então ministro do Trabalho Lindolfo Collor afirmava:

"Os sindicatos ou associações de classe serão os pára-choques dessas tendências antagônicas. Os salários mínimos, os regimes e as horas de trabalho serão assuntos de sua prerrogativa imediata, sob as vistas cautelosas do Estado." Vargas, em declarações de maio de 1931, explicitava o objetivo de "colaboração de classes" dessa legislação sindical, para que os sindicatos, "em vez de atuarem como força negativa, hostis ao poder público, se tornassem, na vida social, elemento proveitoso de cooperação no mecanismo dirigente do Estado."

No entanto, uma parcela expressiva do setor organizado da classe trabalhadora não parecia disposta a trocar suas tradicionais entidades de classe pelos sindicatos oficiais controlados pelo MTIC, exceção feita para os que sempre defenderam a adesão ao Estado e ao patronato, ou para os setores sem qualquer tradição sindical. Além de estimular a criação de sindicatos oficiais, quase sempre com pouca representatividade, uma das estratégias adotadas pelo Ministério para angariar adesões "voluntárias" ao seu modelo de sindicato foi vincular a concessão dos benefícios das novas leis trabalhistas à representação por sindicatos reconhecidos, deixando assim que as lideranças mais combativas sofressem a pressão para a busca do reconhecimento do Ministério por parte de suas bases, ansiosas por usufruir os benefícios da legislação.

O processo de reconhecimento dos sindicatos foi progressivo. Em 1931 e 1932, apenas 115 sindicatos foram criados segundo as novas regras. Entre 1932 e 1934 a pressão ministerial, somada à demanda das bases pelos benefícios da lei, foi bastante forte, o que explica que 141 sindicatos tenham sido criados em 1933. No entanto, os sindicatos sob influência de comunistas ou trotskistas (a primeira das dissidências do PC) e dos poucos anarquistas que restaram ainda resistiam à "Carta sindical" — nome dado ao registro que oficializava a entidade no MTIC. A resistência ao enquadramento sindical pode ser exemplificada por documentos como um manifesto da Federação Operária de São Paulo, ainda sob influência anarquista, datado de 1931:

> Considerando que a lei de sindicalização ... visa a fascistização das organizações operárias ...; considerando que o Estado carece de autoridade para interpretar fielmente as necessidades dos trabalhadores ... a Federação Operária resolve: a) não tomar conhecimento da lei que regulamenta a vida das associações operárias; b) promover uma intensa campanha nos sindicatos por

meio de manifestos, conferências etc., de crítica à lei; c) fazer, mediante essa campanha de reação proletária, com que a lei de sindicalização seja derrogada.

Também os comunistas denunciaram o caráter fascista da lei de sindicalização, a falta de representatividade dos sindicatos oficiais e a proposta controladora da Justiça do Trabalho, como no jornal *Nossa Voz*, de um sindicato do ramo hoteleiro dirigido por militantes do Partido Comunista Brasileiro (PCB) em São Paulo, em artigo datado de 1934: "A sindicalização criada pelo outubrismo [referência à 'Revolução' de outubro de 1930] é reprodução fiel da Carta Del Lavoro imposta a ferro e fogo pelos camisas negras [os fascistas] ao proletariado italiano ... ."

Em 1934, entretanto, à pressão das bases somou-se a possibilidade de participação na Assembléia Nacional Constituinte, levando muitos dos sindicalistas mais combativos a considerarem a possibilidade de estrategicamente buscar-se o registro. Isso porque a Constituinte teria, de acordo com a visão corporativista dominante no governo, além de representantes eleitos pelo voto direto, um grupo menor de deputados escolhidos apenas pelos associados dos sindicatos (oficiais, é claro) de trabalhadores e empresários: a "bancada classista". Tal fato explica que 111 sindicatos tenham obtido registro naquele ano. Ainda assim, dos cerca de 350 sindicatos que estavam oficializados à época das eleições constituintes, apenas 106 estavam localizados na capital e em São Paulo, o que indica que nessas áreas, que concentravam a maioria do operariado fabril e a tradição sindical mais forte, a resistência ao enquadramento sindical mantinha-se firme.

Na Constituinte, os deputados classistas comprometidos com os sindicatos mais combativos lutaram por uma legislação que garantisse a liberdade de organização sindical. Embora muitos desses deputados defendessem a unidade sindical e o reconhecimento legal dos sindicatos, criticavam o controle do Ministério do Trabalho explícito na lei do sindicato único. É exemplar a passagem do pronunciamento do deputado classista João Vitaca, no plenário da Constituinte: "A unidade sindical sem a autonomia dos sindicatos outra coisa não significa do que transformá-los, no caso da representação profissional, principalmente, não só em simples instrumentos eleitorais do governo, mas, o que é pior, caminhar para o corporativismo fascista."

A combinação das restrições de empresários e da Igreja com a luta dos sindicalistas contra o modelo do sindicato único acabou por conseguir incluir na Carta um dispositivo que garantisse a liberdade sindical. Porém as regulamentações posteriores do preceito constitucional nas leis ordinárias retomaram o caminho da imposição do modelo do sindicato oficial.

Entre a reconstitucionalização e o novo giro repressivo. A Constituição de 1934 inaugurou um breve período de normalidade institucional, que seguiu até o segundo semestre de 1935. Abriu-se aí o momento das maiores mobilizações sindicais, com crescimento do número de greves e engajamento dos trabalhadores organizados na luta pela democratização do país, representada pela Aliança Nacional Libertadora (ANL).

Nas manifestações da ANL, a participação sindical era expressiva, especialmente quando os comícios tinham como bandeira a luta contra o fascismo e, por conseguinte, o combate ao Integralismo, movimento político brasileiro de mais claras inspirações fascistas. O nível de agitação operária naqueles anos de 1934-35 pode ser medido pela criação, em 1934, de uma Frente Única Sindical (FUS), liderada pelos comunistas, que em maio do ano seguinte realizaria um Congresso Sindical Nacional, criando a Confederação Sindical Unitária do Brasil (CSUB).

Essa e outras organizações sindicais com propostas mais combativas não se mantiveram por muito tempo. O avanço das lutas sindicais pressionou o patronato a abandonar a proposta da autonomia sindical. Mantendo, graças ao espaço ocupado no aparelho de Estado, a autonomia de seus órgãos de representação tradicionais (associações comerciais e centros industriais), o empresariado apoiou a retomada do controle do MTIC sobre os sindicatos, agora com uma violência repressiva devastadora. Sob o pretexto de reprimir o levante da ANL, conhecido como Intentona Comunista, o governo decretou uma Lei de Segurança Nacional, que instalou o estado de exceção, ao criar mecanismos e tribunais especiais para os presos políticos. As lideranças sindicais mais combativas estavam entre os principais alvos dessa legislação, e seu afastamento dos sindicatos — pela cassação de direitos, prisão, ou eliminação física — foi a principal garantia da desmobilização subseqüente do movimento sindical.

Pressentindo as conseqüências daquele momento, alguns sindicalistas paulistas tentaram organizar a resistência à Lei de Segurança Nacional, chamando uma reunião sindical. O manifesto que convocava a reunião continha várias passagens ilustrativas do clima da época. Em seu texto, diversas entidades conclamavam à resistência: "A nenhum elemento operário que se encontre, no momento, na direção do seu Sindicato de Classe é lícito desconhecer o perigo iminente que correm as nossas organizações e os seus dirigentes, em face da violenta reação que já vimos sofrendo e que se tornará insuportável, com o advento da Lei de Segurança Nacional, chamada 'Lei Monstro'."

Entre 1935 (portanto antes mesmo do golpe de 1937) e 1942, viveu-se uma fase de completa desmobilização sindical. Dirigentes totalmente submissos às orientações do Ministério do Trabalho foram elevados à direção dos sindicatos, não houve greves por categorias e a participação das bases nas atividades sindicais reduziu-se a quase nada.

Os rígidos limites impostos pelo governo restringiam em muito a possibilidade de reivindicações. A instalação da ditadura do Estado Novo, em novembro de 1937, se fez acompanhar de uma Constituição de matriz fascista, que retomava o modelo do sindicato único. Em 1939, uma nova lei de sindicalização foi decretada — a Lei Orgânica da Sindicalização Profissional — e seu objetivo de controle sobre os sindicatos foi explicitado na exposição de motivos do decreto que a instituiu: "Com a instituição desse registro, toda a vida das associações profissionais passará a gravitar em torno do Ministério do Trabalho: nele nascerão, com ele crescerão; ao lado dele se desenvolverão; nele se extinguirão."

Embora sem romper com esses limites, algumas direções sindicais tentaram obter conquistas para suas categorias, apelando para a coerência do discurso pró-trabalhadores dos dirigentes do país. É o que se percebe no editorial do jornal *O Bancário*, publicado pelo sindicato da categoria no Rio de Janeiro, em fevereiro de 1938:

> O trabalhador nacional é essencialmente ordeiro e pacífico. Já o temos dito várias vezes, e o próprio presidente da República o tem confirmado em diversas

> ocasiões. ... O presidente Getúlio Vargas ... pode estar certo de que para o futuro a atitude dos trabalhadores brasileiros será sempre a mesma: pacífica e ordeira. É preciso, porém, em retribuição a essa atitude justamente elogiada por S. Excia., e sobretudo como medida de justiça, que o cumprimento das leis seja igualmente exigido de todos: empregados e empregadores...

Proposta trabalhista: a busca de um pacto. Com a entrada do Brasil na guerra e o crescimento das oposições à ditadura, parecia mais próxima para os que estavam à frente do governo a possibilidade de redemocratização. Foi nesse contexto que se forjou o discurso político trabalhista, que enfatizava a idéia do Estado (e de Vargas) como protetor dos trabalhadores, buscando criar novas e mais amplas bases de apoio. Nesse discurso, a legislação social era apresentada como uma concessão aos trabalhadores de um Estado que teria se antecipado às pressões sociais. Os sindicatos também teriam sido criados pela clarividência do governante. Procurava-se assim apagar da memória coletiva dos trabalhadores a tradição de luta do movimento sindical na República Velha.

As palestras radiofônicas do ministro do Trabalho, Marcondes Filho, transmitidas semanalmente entre 1942 e 1945 no programa "A Hora do Brasil" são exemplos bem acabados desse discurso, como pode ser percebido pelo trecho seguinte, de uma palestra de

1942: "Se o direito é a ciência dos fatos, a ciência da realidade, nenhum ramo dessa ciência espelhou de maneira mais perfeita a realidade social de um povo que o direito trabalhista brasileiro. ... Esse prodigioso esforço construtivo exigiu inúmeras leis, muitas das quais com fundo experimental, por não se tratar de uma legislação que vinha acudir exigências, mas atender, por antecipação, realidades apenas pressentidas."

Uma interpretação tradicional para esse processo de aproximação do Estado em relação aos trabalhadores defende a idéia de que ocorrera ali um *pacto*, em que os trabalhadores abriam mão da autonomia e combatividade de seus sindicatos, em troca dos benefícios materiais concedidos pela legislação social. Com base na análise das várias fases do primeiro governo Vargas, acima exposta, acreditamos ser necessário negar essa interpretação. Em primeiro lugar porque a legislação social já estava, em sua maior parte, elaborada entre 1930 e 1935, e os trabalhadores organizados e suas lideranças sindicais mais combativas continuaram a resistir à idéia do sindicato tutelado pelo Estado. Quando, na conjuntura da Constituinte, muitas organizações sindicais autônomas foram buscar o enquadramento no modelo do sindicato oficial, isso não significou paralisia; ao contrário, os primeiros meses de 1935 caracterizaram-se por uma vigorosa mobilização sindical com grande número de movimentos grevistas. Foi preciso que, a partir de 1935, as lideranças combativas fossem aniquiladas pela violenta repressão para que o conformismo dos "pelegos" se instalasse.

É preciso, ainda, relativizar as interpretações que afirmam a importância dos ganhos materiais dos trabalhadores na conjuntura da sistematização das leis sociais durante o Estado Novo. Especialmente a partir do esforço de guerra, as restrições (declaradas "temporárias") à legislação trabalhista — suspensão de direitos como férias, aumento autorizado da jornada de trabalho, mobilidade de emprego etc. — criaram uma situação de intensa exploração operária. Além disso, a alta do custo dos gêneros e o desabastecimento geraram um quadro de carestia. Quanto aos salários, os "soldados da produção", como eram chamados os operários nos tempos de guerra, tiveram que amargar um arrocho salarial dos mais severos. Em torno da suspensão de algumas das restrições à legislação social, no esforço de guerra, e da necessidade de reajustes salariais, surgiriam diversos movimentos grevistas, a partir de 1942. Tais greves, quase sempre por empresas, e organizadas por comissões de fábrica ou a elas dando origem, remariam contra a maré de controle sobre os sindicatos e enfrentariam, muitas vezes, resistências das direções sindicais atreladas ao Ministério do Trabalho, além da própria polícia política.

Em 1944, antes mesmo da anistia e do tratamento menos intervencionista aos sindicatos, registraram-se algumas greves significativas, como no setor de transportes (carris urbanos e trens), entre os mineiros no Rio Grande do Sul e em algumas fábricas metalúrgicas de São Paulo. No ano seguinte, tão logo o governo começou a afrouxar os cintos da repressão policial, pipocaram greves em diversos centros, como as de ferroviários de Campinas, das docas de Santos, dos bancários paulistas e dos motoristas de ônibus no Rio.

Isso é demonstrado pelo depoimento do líder tecelão Antonio Chamorro sobre sua primeira greve, em 1944, sob a vigência da legislação do "esforço de guerra", no Lanifício Varan, em São Paulo:

> Greve não podia fazer, para faltar ao serviço você precisava dar satisfações, você precisava pedir licença para casar. Foi a fase que eles mais ganharam dinheiro ... Eu tenho que confessar, eu não entendia essas coisas, mas eu já lutava internamente nas fábricas em torno do direito. Nós fizemos um movimento na Varan. A polícia política veio e eles ficaram no portão na hora que nós íamos sair. Aí o Varan nos cercou e me apontava para a polícia que era para eles me prenderem ... E fomos para a greve.

Desde que o Estado passou a investir politicamente de forma diferente nos sindicatos, tentando transformá-los em órgãos representativos (embora controlados), em especial a partir de 1942, o motor principal da propaganda pró-Vargas passou a ser o discurso de valorização da figura do trabalhador e do próprio trabalho. Reatualizava-se então, mas com objetivos bem diferentes, a afirmação da dignidade do trabalhador pela qual tinham batalhado os sindicalistas do pré-30. Assim, esse processo não poderia ser explicado por uma simples barganha material, mas é preciso levar em conta todo o investimento, de natureza cultural, do Estado, através do discurso trabalhista e via máquinas sindicais oficiais, em apresentar-se como o responsável pela "doação" dos benefícios da legislação, reconhecendo a importância do trabalhador para a nação.

Doações implicam gratidão e retribuição. Retribuir a benevolência de Vargas era aplicar-se ordeiramente na elevação máxima da produtividade do trabalho. Mas era também apoiá-lo politicamente, retribuindo inclusive com o voto, quando este voltasse a ser um instrumento de participação. Essa estratégia foi bem-sucedida em muitos aspectos, como o demonstram a ascensão político-eleitoral do Partido Trabalhista Brasileiro (PTB) — criado em 1945 para capitalizar os frutos da política trabalhista efetivada a partir de 1942 — e, principalmente, as vitórias eleitorais de Vargas, eleito senador em 1946 e que em 1950 voltará à Presidência da República. Caso ficássemos presos ao discurso da época, poderíamos acreditar nesse sucesso como conseqüência apenas da gratidão generalizada dos trabalhadores pelos ganhos da legislação social. Esqueceríamos, no entanto, que o discurso trabalhista ecoou num terreno preparado pela repressão, que excluiu dos sindicatos e da vida política as lideranças mais combativas, capazes de resistir à proposta estatal, além de serem, eles próprios, elos de ligação com a experiência de lutas da República Velha.

O sucesso político subseqüente de Vargas, entretanto, não correspondeu a uma aceitação passiva da proposta de subordinação sindical. A repressão da ditadura não foi suficiente para calar completamente a capacidade de resistência dos trabalhadores, a partir do momento em que o próprio Estado buscou neles legitimar-se, como indicava a retomada das lutas, ainda antes de 1945. Conflitos localizados tenderam a transbordar quando a conjuntura da redemocratização criou o espaço para a retomada das lutas sindicais mais amplas.

Trabalhadores e sindicatos na breve experiência democrática (1945-64)

Várias instituições, mecanismos e propostas do Estado Novo resistiram ao período da redemocratização de 1945-64. Mas, a mais significativa herança da ditadura a manter-se no período democrático, impondo sérios limites à própria democracia, foi a estrutura sindical.

No estudo mais aprofundado do movimento organizado dos trabalhadores podemos localizar um índice significativo para avaliação do grau de democratização da sociedade. De forma a acompanhar a dinâmica do sindicalismo no interregno democrático entre as duas ditaduras — do Estado Novo e militar —, propomos um acompanhamento cronológico que respeita as especificidades de algumas conjunturas.

Da redemocratização de 1945 ao segundo governo Vargas. Após a entrada do país na guerra, em 1942, e frente ao crescimento das oposições à ditadura, Vargas promoveu, em 1945, uma série de reformas liberalizantes, com o reconhecimento dos partidos, inclusive do PCB, a anistia dos presos políticos e a convocação de eleições para a Constituinte. As eleições presidenciais, entretanto, seriam postas em dúvida devido ao crescimento do movimento pró-constituinte com Getúlio na Presidência — o chamado "queremismo". Nesse quadro, os mesmos militares que foram os fiadores do golpe do Estado Novo em 1937 depuseram Vargas, em 1945. Dois deles disputaram as eleições: o brigadeiro Eduardo Gomes, pela União Democrática Nacional (UDN), de oposição a Getúlio, e o general Dutra, pelo Partido Social Democrático (PSD), partido criado pelos governistas. O PTB, com o fim da alternativa queremista, apoiou na última hora, por indicação de Getúlio, o general Dutra, o que garantiu sua vitória.

Nos ventos da redemocratização, o recém-reorganizado PCB teve um desempenho eleitoral surpreendente, com cerca de 5% dos votos para a Constituinte e em torno de 10% dos votos para a Presidência da República, fazendo de seu candidato, Iedo Fiúza, o terceiro colocado na disputa. Um sinal de que, para os trabalhadores, a redemocratização tinha um sentido bem mais amplo.

A retomada efetiva das atividades sindicais na conjuntura do declínio do Estado Novo e de redemocratização é outro sinal de novos tempos. Dados sobre a criação de novos sindicatos e o índice de sindicalização confirmam essa retomada: 873 sindicatos foram criados até 1945. Em 1946, surgiram mais 66 sindicatos. Os trabalhadores sindicalizados, que em 1945 somavam 474.943, passaram a contar 797.691 já em 1946.

As lideranças comunistas buscaram aliados fora das fileiras do PCB para criar uma organização intersindical à revelia da legislação. Assim, em abril de 1945 nascia o Movimento de Unificação dos Trabalhadores (MUT). A consigna estampada no primeiro número do jornal do MUT, de agosto de 1945, resumia os objetivos da entidade: "A tarefa do MUT é desenvolver a educação democrática do proletariado, lutar pela liberdade sindical, estimular a sindicalização de todos os setores trabalhistas, apoiar as reivindicações gerais da classe operária e, principalmente, fazê-la compreender na prática as vantagens de sua unidade."

O MUT propunha a criação de organismos intersindicais regionais, como a União Sindical dos Trabalhadores do Município de São Paulo e sua equivalente carioca. Mas os militantes ligados ao MUT também estimularam uma outra prática que, entre algumas categorias, já possuía longa tradição: a criação de comissões de trabalhadores nos locais de trabalho. Tais comissões tiveram papel destacado em boa parte dos movimentos grevistas deflagrados naquele período.

Em setembro de 1946 teve lugar o Congresso Sindical dos Trabalhadores do Brasil, realizado no Rio de Janeiro. O grupo de comunistas e militantes ligados ao PTB, que já atuava em conjunto no MUT, defendeu nesse congresso a maior autonomia dos sindicatos. Grupos ministerialistas retiraram-se do congresso e exigiram do Ministério o seu fechamento. Ainda assim, com cerca de 2 mil dos 2.400 delegados inicialmente presentes, os trabalhos continuaram, em outro local, e aprovou-se a criação da Confederação dos Trabalhadores do Brasil (CTB). Seguindo formalmente uma linha de defesa da autonomia dos sindicatos frente ao Ministério do Trabalho, mas evitando a ruptura completa com as regras da CLT, as resoluções do congresso trataram dos mais diversos temas, como: estabilidade, direito de greve, participação nos lucros, segurança no trabalho, trabalho da mulher e do menor, seguro social, delegados sindicais e organizações intersindicais regionais, entre outros.

No tocante a liberdade e autonomia sindical, o congresso aprovou resoluções no sentido da liberdade de organização interna (estatutos definidos autonomamente pelos associados); fim do poder de intervenção e restrições à fiscalização do Ministério do Trabalho; além de direito de sindicalização para todos os trabalhadores (inclusive funcionários públicos e trabalhadores rurais). Porém, quer por avaliar os limites aos avanços impostos pela conjuntura, ou ainda por concordar com as vantagens impostas por certas facetas da legislação (como o monopólio da representação), o fato é que as lideranças mais combativas do sindicalismo de então não se arriscavam a articular um discurso e uma prática de confronto direto com a CLT. Isso fica patente também nas considerações que antecediam a mais importante das resoluções do Congresso, a que criava a CTB:

> Considerando: ... Que, como órgão de cooperação com o Estado, poderá influir muito eficientemente na solução dos problemas econômicos e sociais de nossa pátria; ... que esse organismo, além de constituir-se em fator de unidade de todos os trabalhadores seria também um meio de garantir o desenvolvimento social do Brasil dentro de um clima de verdadeira ordem e progresso ... Este congresso resolve: seja criada a Confederação dos Trabalhadores do Brasil. ...

A onda repressiva que se seguiu ao fechamento do PCB atingiu, em maio de 1947, a CTB e as uniões sindicais estaduais, que foram fechadas pelo governo Dutra. Além disso, o governo promoveu intervenções em mais de 400 entidades sindicais, inaugurando nova fase de repressão aberta ao sindicalismo mais combativo.

Nessa fase mais autoritária do governo Dutra a repressão foi acentuada, em consonância com o clima internacional de bipolarização da Guerra Fria e com as perspectivas de controle sobre os sindicatos pelo empresariado brasileiro que, embora afinado com o discurso liberal de abertura econômica e menor interferência estatal, manteve-se firme na defesa da estrutura sindical oficial, conservada intacta pela Constituição de 1946. Mas a repressão policial aos sindicatos não foi uma exclusividade dessa fase.

A polícia política montada na ditadura do Estado Novo continuou mantendo vigilância constante sobre organizações e militantes sindicais. Um levantamento parcial da documentação do Departamento de Ordem Política e Social (Dops) do Rio de Janeiro encontrou, no período 1945-64, 301 militantes fichados pela polícia política, envolvidos em 540 acusações (como as de "comunistas", "agitadores" etc). No mesmo período, foram produzidos dossiês sobre 109 sindicatos e 13 federações ou confederações. Nos registros policiais, podem ser localizadas inúmeras intervenções repressivas, com prisões simultâneas de dezenas de militantes, em especial em momentos de greves. Estas constituíram-se no alvo principal da repressão policial aos sindicatos, no período que se seguiu à redemocratização, pois foram empregadas pelos trabalhadores como principal estratégia de atuação para retomar as perdas do período do "esforço de guerra".

No ano de 1946, em que o General Dutra tomou posse na Presidência, assistiu-se a cerca de 60 greves somente nos seus primeiros dois meses. Em meados de fevereiro, o jornal paulista *Folha da Manhã* estimava em cerca de 100 mil o número de operários em greve no estado. Somente os metalúrgicos de São Paulo paralisaram suas atividades seis vezes ao longo do ano, apesar das tentativas do governo de controlar o movimento através de uma intervenção no sindicato. Levantamento na imprensa da época aponta 62 greves em São Paulo nos anos 1945-46. Em pesquisa nos jornais sobre o Rio de Janeiro, foram encontradas 46 greves entre 1945 e 1947, 43 delas em 1946.

Líderes mais combativos, particularmente os comunistas, viveram um dilema que se repetiria com alguma freqüência, nos anos seguintes: obedecer às orientações políticas ditadas pela direção partidária ou atender às pressões das bases sindicais. Naquela conjuntura, seguindo uma orientação mais geral do contexto do fim da II Grande Guerra, o PCB buscava a aliança política preferencial com as forças que derrotaram o fascismo europeu (no caso brasileiro, a própria ditadura de Vargas) e esforçava-se por priorizar a transição política para um regime democrático constitucional, chegando a afirmar-se como "esteio da ordem". Nessa linha, o partido apontava para os sindicatos com a diretriz da contenção dos movimentos, "apertar os cintos" para garantir a política de "união nacional" em torno da transição democrática, o que na prática significava evitar as greves. Assim o explicitava o próprio Luís Carlos Prestes, em 1945, afirmando a subordinação da tarefa de mobilização popular ao objetivo político de garantir a transição democrática "sem maiores choques e atritos". Frente à passividade dos dirigentes pelegos e da orientação de contenção dos ativistas comunistas, muitas greves surgiram à margem dos sindicatos, através das comissões por local de trabalho. Em alguns casos, porém, pressionadas pela necessidade de manter uma identidade com as categorias que representavam, lideranças petebistas ou comunistas nos sindicatos acabaram por capitanear grandes movimentos grevistas, como entre os portuários de Santos, os ferroviários em várias de suas greves, os têxteis paulistas, ou a grande greve nacional dos bancários, que paralisaram o trabalho por duas semanas, justamente no momento da posse de Dutra.

O movimento refluiria nos anos seguintes do governo Dutra, marcados pelas intervenções do Ministério do Trabalho, pela repressão policial e pela aplicação da legislação que limitava na prática o direito de greve a situações excepcionais. À exceção de algumas greves isoladas, uma retomada das ações grevistas só seria possível em 1951, já durante o segundo governo de Vargas.

O arrocho salarial do governo Dutra — em 1951 o salário mínimo atingiria o menor patamar desde sua criação, com valor real inferior a 40% do estipulado dez anos antes — legou ao seu sucessor uma pressão por reajustes substanciais. A perpetuação dos interventores gerava também a reivindicação de liberalização dos sindicatos, que se somava à palavra de ordem do direito de greve. As oposições não conseguiam espaço para atuar em função da exigência legal de um "atestado de ideologia" (ficha limpa na polícia política) para os candidatos a cargos de direção sindical.

Para um governo como o de Vargas, que se elegeu com um discurso voltado para a grande massa de trabalhadores urbanos, com forte apelo nacionalista e trabalhista, essas pressões eram mais delicadas. Em seu segundo governo, Vargas procurava destacar a continuidade da "política social" iniciada em 30 e, para aprofundá-la, pedia o apoio dos trabalhadores. Mas a época era outra e tanto o nível de mobilização operária quanto a força da pressão oposicionista indicavam que o discurso trabalhista tradicional precisava de maior radicalidade na sua vinculação com os interesses e organizações dos trabalhadores.

Os comunistas, postos na ilegalidade pelo fechamento do PCB e afastados das direções sindicais, radicalizaram seu discurso pregando uma oposição sistemática primeiro a Dutra e depois a Getúlio, denunciado como serviçal dos interesses de imperialistas e latifundiários. No campo sindical, renegavam a política de aliança com os trabalhistas, que haviam exercitado no fim do Estado Novo, e defendiam a atuação paralela aos organismos sindicais oficiais, através de comissões de base dos trabalhadores nas empresas e de organismos intersindicais criados apesar da legislação que os proibia.

Estimativas da época dão conta de 173 greves em todo o país já em 1951 e 264 greves em 1952. Com destaque, nesses anos, as lutas dos têxteis. Em Pernambuco e na Paraíba em 1952, no Rio de Janeiro na virada para 1953, e em São Paulo em 1953 (em meio a uma greve que atingiu também metalúrgicos, gráficos, marceneiros, pedreiros), os têxteis, numericamente ainda a maior categoria do operariado industrial, enfrentaram o patronato, as decisões contrárias a seus interesses da Justiça do Trabalho e a repressão violenta das autoridades policiais.

Teve maior repercussão na conjuntura a chamada Greve dos 300 Mil, em São Paulo, no ano de 1953. Por sua dimensão, pela organização dos trabalhadores nos locais de trabalho, pela criação de um organismo intersindical como desdobramento da greve, entre outros fatores, aquele movimento representou um marco da retomada das mobilizações operárias após o declínio iniciado no governo Dutra. A atitude do Estado e dos patrões frente à greve caracterizou-se pela repressão, mas o saldo organizativo então alcançado teria repercussão duradoura. Em meio aos movimentos contra o aumento do custo de vida e às greves, surgiram diversas entidades de caráter intersindical que teriam papel destacado na organização dos trabalhadores nos anos seguintes. Em São Paulo, após a Greve dos 300 Mil criou-se outra entidade intersindical da legislação, o Pacto de Unidade, mais tarde chamado Pacto de Unidade Intersindical (PUI), que reuniu inicialmente os quatro principais sindicatos envolvidos na greve e, mais tarde, chegou a congregar mais de 100 entidades sindicais.

No Rio de Janeiro, já havia sido criado um organismo intersindical que gerou frutos em termos de mobilização dos trabalhadores: a Comissão Intersindical Contra a Assiduidade Integral (Ciscai). Com a participação inicial de cerca de 30 sindicatos cariocas e a organização de entidades semelhantes em vários estados, a Ciscai foi fundada em meados de 1952 e exigia o fim da cláusula de "assiduidade integral", que amarrava a concessão de reajustes salariais e o pagamento dos descansos semanais remunerados ao comparecimento ao trabalho todos os dias do mês, sem mesmo direito a um atraso de minutos, punido também com o desconto de meio dia de salário.

O PUI e a Ciscai serviram de modelo para organizações como a Comissão Permanente de Organização Sindical, criada em 1958 no então Distrito Federal, e mesmo para o Pacto de Unidade e Ação (PUA), que reunia nacionalmente as entidades sindicais de trabalhadores em transportes marítimos, ferroviários e, mais tarde, aéreos, além dos portuários. O PUA surgiu de uma grande greve nacional dos trabalhadores em transportes — a Greve da Paridade — em 1960, reivindicando do presidente Juscelino um reajuste equivalente ao concedido aos militares.

Os aumentos paliativos do salário mínimo e a ênfase no apelo às massas do discurso trabalhista não garantiriam a Getúlio, na fase crítica de 1954, a base popular de que se ressentia para enfrentar as contradições internas de seu próprio governo e a oposição ostensiva dos setores golpistas da UDN, principal partido antigetulista. Ainda assim, o gesto extremo do suicídio tanto reverteria a força da oposição — garantindo a eleição de Juscelino Kubitschek pelos mesmos PSD e PTB criados por Getúlio — quanto restauraria a aura de mito do "pai dos pobres" junto aos trabalhadores urbanos. Nesse contexto, as lideranças comunistas se viram obrigadas a rever seu isolamento e buscar alianças. No campo sindical, a aproximação de comunistas e trabalhistas de esquerda para a conquista das direções de sindicatos e órgãos de cúpula da estrutura oficial, bem como o clima de relativa liberdade democrática que marcaria o governo JK, abririam espaço para a fase de mais ampla mobilização sindical conhecida até então.

Dos "Anos Dourados" ao golpe de 1964. Juscelino Kubitschek assumiu a Presidência da República em 1956, quando o país já vivenciava uma profunda transformação econômica que seu governo, através de instrumentos de planejamento econômico centralizado, iria aprofundar de forma rápida e violenta. Entre 1920 e 1960, o número de operários industriais saltou de 275 mil para cerca de 3 milhões. Os trabalhadores industriais passaram a representar, em 1960, cerca de 13% da População Economicamente Ativa (PEA) do país. Os anos JK foram decisivos para essa virada, pois os subsídios governamentais para setores estratégicos da economia e a abertura ampla para os investimentos estrangeiros criaram condições para incrementos extraordinários em alguns setores. No caso da infra-estrutura, o setor energético assistiu a um aumento da produção de energia elétrica de cerca de 50%, entre 1955 e 1961, e a produção de petróleo saltou dos dois milhões de barris por ano em 1955 para 30 milhões em 1960. A abertura ao capital estrangeiro resultou em um incremento da produção de bens de consumo duráveis, com destaque para o setor automobilístico. Em

1955 praticamente não se produziam automóveis no Brasil; em 1960, foram produzidos mais de 130 mil veículos, em 11 fábricas (todas ligadas a empresas estrangeiras), que empregavam cerca de 130 mil operários.

As contradições desse modelo de desenvolvimento logo se fizeram sentir. Nos primeiros anos do governo JK o salário mínimo atingiria o mais alto patamar de sua história, mas chegava em queda a 1960 e cairia ainda mais nos anos seguintes. A principal causa das perdas salariais era a inflação, decorrente do aumento das emissões monetárias e do endividamento do Estado (interno e externo) necessário à sustentação dos altos investimentos públicos previstos pelo Plano de Metas do governo Juscelino. A taxa anual de inflação, que em 1955 era de 19,1%, em 1959 atingiu 52,1%. Nos anos seguintes, apesar de uma pequena queda em 1960, a taxa inflacionária continuaria a subir, atingindo 79% em 1963. Os dados da época demonstram também que crescimento econômico e superação das desigualdades sociais não eram sinônimos, pois em 1960 os 70% mais pobres da população brasileira detinham 20% da renda nacional, contra os 40% apropriados pelos 6% mais ricos da população.

São fatores importantes, que se somam aos mais diretamente políticos, para explicar a fase de ascensão do movimento sindical que se observa entre meados da década de 1950 e o golpe de 1964. Vários são os índices dessa ascensão: crescimento do número de greves; visibilidade dos sindicatos pela opinião pública; participação das entidades sindicais na formulação de pautas políticas para o país; e constituição de organismos intersindicais, entre outros exemplos. Do ponto de vista quantitativo, duas boas medidas do crescimento da importância do sindicalismo são os dados sobre número de sindicatos criados e o percentual de trabalhadores sindicalizados.

Ainda no início da década de 1960, era intenso o ritmo de criação de novos sindicatos, em especial em áreas como São Paulo, na dianteira da expansão econômica. Mais significativo seria tomar em conta o nível de associativismo sindical, expresso na proporção de trabalhadores sindicalizados em relação ao total da população economicamente ativa. Tomando por base o ano de 1960, o percentual de trabalhadores sindicalizados era de 6,11% da PEA no Brasil como um todo, índice sem dúvida muito baixo. Concentravam-se os sindicalizados na região centro-sul do país. Em São Paulo, essa mesma proporção subia a 9,77% de trabalhadores sindicalizados. Considerando-se a inexistência de sindicatos rurais na época, podemos reduzir o universo ao contingente da PEA ligado a atividades urbanas. Em relação a esse contingente, o percentual de sindicalizados paulistas sobe a 14,45%. São, ainda assim, índices significativamente baixos. Próximo aos 30% (27,99%), o índice de trabalhadores sindicalizados no antigo Distrito Federal — já então a Guanabara — destacava-se entre os indicadores das demais regiões do país.

A regra geral de baixo índice de sindicalização tinha suas exceções, que comprovavam a possibilidade de alto grau de representatividade de algumas das direções de entidades de ponta do sindicalismo. Era o caso, por exemplo, de três dos principais sindicatos cariocas: o dos bancários, com um índice de sindicalização de aproximadamente 75% às vésperas do golpe militar (25.929 sócios em aproximadamente 35 mil bancários); os ferroviários da Leopoldina, cujo índice de sindicalização chegava a 85% (17 mil sindicalizados para 20 mil trabalhadores na base), segundo o depoimento do ex-presidente do sindicato Demisthóclides Batista; e os metalúrgicos, com um nível de sindicalização que atingia 50% da categoria em 1961.

O período em questão marcou também uma dinamização das atividades sindicais em função de um processo generalizado de renovação de lideranças. Mapeando as tendências dominantes naquela fase, é possível localizar ao menos quatro agrupamentos de dirigentes sindicais: a) os católicos, reunidos nos círculos operários; b) os autodenominados "renovadores", em geral de esquerda, mas críticos do PCB; c) os dirigentes que se identificavam como "nacionalistas", que agrupavam, grosso modo, os comunistas e trabalhistas de esquerda; e d) os que se proclamavam sindicalistas "democráticos", que se identificavam pelo anterior controle dos órgãos de cúpula da estrutura sindical.

No plano nacional, é possível localizar alguns marcos da renovação das direções nas cúpulas da estrutura sindical. O primeiro foi o III Congresso Sindical Nacional, realizado no Rio de Janeiro em agosto de 1960. Nesse enclave, as teses dos sindicalistas ligados à aliança PCB/PTB foram aprovadas por maioria significativa dos delegados, e os encaminhamentos para a criação de uma Central Sindical avançaram com a constituição de uma comissão permanente. Os dirigentes tradicionais, que se proclamavam democráticos, naquele momento dirigindo as principais confederações (CNTI, CNTC e CNTTT) e respondendo pela organização do encontro, abandonaram o congresso quando se perceberam em minoria.

A virada se cristalizaria no final de 1961, quando os antigos dirigentes foram afastados da principal confederação — a CNTI, Confederação Nacional dos Trabalhadores da Indústria. A plataforma das oposições incluía as seguintes reivindicações: 13º salário, participação nos lucros das empresas, salário-família, direito de greve, cumprimento da Lei Orgânica da Previdência Social, autonomia sindical e férias de 30 dias.

O ciclo de mudança nas direções completou-se no IV Encontro Sindical Nacional, realizado em São Paulo em agosto de 1962. Com a participação de 3.500 delegados, representando 586 entidades sindicais, o

Encontro aprovou a "criação de um Comando Geral dos Trabalhadores, composto de dois representantes de cada federação não-confederada ou de cada Confederação e, no caso de qualquer Confederação recusar-se a participar do novo organismo, caberia a seus filiados, federações ou sindicatos indicar o representante do setor profissional."

O Plano de Ação Imediata aprovado naquele Encontro previa, além das demandas econômicas já presentes na plataforma da nova direção da CNTI, uma "campanha de esforços pelas reformas de base", que seria o norte da atuação política do Comando Geral dos Trabalhadores (CGT) nos dois anos seguintes.

A atividade sindical, em especial no que diz respeito à eclosão de greves, experimentou naquela conjuntura um rápido e expressivo crescimento. Embora não haja qualquer homogeneidade nos dados sobre o número de paralisações e de trabalhadores em greve, o fato indiscutível, confirmado por todas as estatísticas, é o do crescimento contínuo das mobilizações grevistas entre o fim da década de 1950 e o ano de 1963.

A julgar pelo poder de mobilização demonstrado pelas organizações sindicais, ou por suas demandas, visivelmente ligadas aos grandes temas do debate político nacional, algumas dessas greves tiveram grande repercussão. Paralisações — como a convocada em julho de 1962, contra a posse do político conservador Auro Andrade como primeiro-ministro e pela composição de um gabinete "nacionalista", ou a de setembro do mesmo ano, pelo plebiscito que selaria o retorno do presidencialismo — assumiram a dimensão de greves gerais, atingindo trabalhadores das mais diversas categorias em vários estados da federação. Greves reunindo diversas categorias em torno de pautas comuns, como a dos 300 Mil em 1953, ainda continuariam a estourar. Entre os movimentos com essas características de "greve de massas", alcançou grande destaque a paralisação de 700 mil operários em São Paulo, no ano de 1963. Foram também os tempos áureos das greves por categorias. Algumas delas nacionais, como as greves dos bancários (em 1961, 1962 e 1963) que tiveram pautas essencialmente econômicas — salário-profissional, gratificação de função, semana de cinco dias etc. — mas não deixaram de se inserir na luta mais ampla das reformas de base, posicionando-se diretamente no debate sobre a "reforma bancária". Essas greves foram, em geral, bem-sucedidas, com o atendimento ao menos parcial das reivindicações.

Não deixaram de ocorrer, também, as paralisações por empresas, em que pautas centradas nas questões salariais e de condições de trabalho eram dominantes. Alguns sindicatos em que a organização por local de trabalho era forte tenderam a experimentar dezenas de greves desse tipo na década anterior ao golpe de 64. Categorias como metalúrgicos, bancários, têxteis, operários navais, entre outras, tinham nas "comissões sindicais" ou "comissões de empresas" um importante instrumento de mobilização. Mesmo quando as diretorias sindicais apostavam no caminho da negociação e evitavam as greves de categorias, as organizações de base agiam de forma relativamente autônoma, convocando paralisações freqüentes. Era o caso dos metalúrgicos cariocas, que não fizeram greves gerais da categoria nesse período, mas vivenciaram pelo menos 20 paralisações por empresas entre 1953 e 1964, graças aos "conselhos sindicais". Em 1961 os conselhos eram 140, o que significava a presença dessa forma de organização em 15% das empresas da base territorial do sindicato (935 indústrias em 1960). Mais presentes nas médias e grandes empresas, esses 140 conselhos representavam cerca de 50% da categoria.

Levantamentos centrados no caso paulista identificaram dez greves no biênio 1955-56, que se multiplicaram até chegar a 94 greves em 1963-64. No Rio de Janeiro, uma pesquisa com base nos dados publicados pela grande imprensa localizou, entre os anos 1955 e 1964, o total de 409 greves, com apenas seis movimentos em 1955 e 92 paralisações em 1963.

A trajetória grevista ascendente e o crescimento no nível de mobilização alcançado pelo sindicalismo entre 1955 e 1964 explicam-se, em grande parte, pelo surgimento das organizações paralelas ao sindicalismo oficial. Organizações paralelas de base (como as comissões sindicais por empresa), intersindicais (como os pactos e as comissões regionais) ou de cúpula (como o CGT), que representavam a tentativa de criar canais de mobilização para além dos limites da estrutura sindical montada pelo Estado nas décadas de 30 e 40.

Ir além, em alguns aspectos, dos limites da estrutura sindical oficial não significava opor-se integralmente a suas características. O controle do Ministério do Trabalho sobre os sindicatos e as restrições ao direito de greve foram condenados. Já a unicidade sindical, o monopólio da representação e o poder de tributação decorrente desse monopólio (o imposto sindical) eram não só aceitos como, em certos casos, defendidos.

Também foi complexa a relação do sindicalismo com as lideranças políticas, em especial no período do governo João Goulart. Naquela conjuntura, a participação política dos trabalhadores era cada vez mais expressiva. Em 1945, 15% dos brasileiros eram eleitores; já em 1964 esse contingente alcançava os 25% da população. O PTB, que buscava os votos dos trabalhadores urbanos, ocupou 8% das cadeiras do Congresso em 1946 e nas últimas eleições antes do golpe, em 1962, já contava com 28% dos congressistas, um ponto percentual a menos que o PSD, que possuía a maior bancada e várias cadeiras acima da UDN, que passou então a terceiro partido no Congresso.

A carreira política de Jango foi marcada pela proximidade com as lideranças sindicais do PTB e seus aliados. Jango seria, entre os presidentes do período

1945-64, aquele que mais abriu espaços políticos para a discussão das propostas do sindicalismo, em especial nos últimos meses de seu governo, em que pareciam fracassar suas tentativas de conciliação política com os setores mais à direita no espectro político. Isso não significa dizer que seu comportamento evitasse a tradicional concepção trabalhista do controle sobre as mobilizações operárias. Assim, quando as pressões do CGT pelas "reformas de base" (o grande tema político da época) tornaram-se mais fortes, com freqüentes ameaças de greves gerais e grandes mobilizações populares, Jango procurou esvaziar o Comando, prestigiando a União Sindical dos Trabalhadores (UST), recém-criado organismo de cúpula das lideranças reconhecidas como pelegas, e apoiando a chapa de oposição à aliança PCB-PTB nas eleições da CNTI, já em janeiro de 1964.

Com a radicalização política dos primeiros meses de 1964, as lideranças sindicais apostaram no apoio ao governo constitucional de Jango, mas pressionando-o pela aceleração das reformas de base. As agitações golpistas já eram claramente percebidas, e durante todo o mês de março o CGT articulou estratégias de resistência a um movimento militar para a derrubada de Jango. Contavam com uma greve geral, somada à força dos militares de baixa patente (que se mobilizavam crescentemente por melhores condições de trabalho nas três Forças Armadas e por direitos políticos) e do "dispositivo militar" de Jango (boa parte da oficialidade superior era tida como fiel ao presidente), para impedir o avanço de qualquer movimento golpista. Quando os primeiros passos para o golpe foram dados, o CGT convocou uma greve geral e fez circular diversos manifestos à nação, como esse: "O CGT, defendendo a autoridade e o mandato do presidente da República em face dos seus atos positivos, que possam atender às aspirações do nosso povo e de acordo com a resolução do CGT, alerta aos trabalhadores para permanecerem vigilantes e mobilizados em condições de atenderem a qualquer momento à palavra de ordem de seus respectivos sindicatos, caso seja necessária a deflagração da greve geral."

A greve foi de fato deflagrada e em algumas cidades, como o Rio de Janeiro e Santos, a paralisação foi total. Porém o alentado dispositivo militar do presidente mostrou-se frágil, já que, dos comandos regionais do Exército, apenas o do Rio Grande do Sul mostrou-se disposto a resistir sem impor condições. Ainda assim, diversas unidades isoladas das Forças Armadas apresentaram-se para a resistência, mas a ordem de enfrentar os golpistas não foi dada por João Goulart, e os trabalhadores viram-se literalmente desarmados para um possível enfrentamento.

Aqueles acontecimentos demonstraram um dos limites do sindicalismo da época, que se lançou com vigor numa pauta política de reformas comandada por um segmento da classe dominante brasileira comprometido com a proposta de conciliação de classes e, por isso mesmo, incapaz de tomar a frente de um processo de resistência popular efetiva à quebra da constitucionalidade e à ditadura. A ditadura utilizou-se dos recursos da legislação sindical para reprimir os movimentos, o que esclarece um outro limite: o imposto por uma estrutura oficial que se procurou adequar aos interesses dos trabalhadores, mas contra a qual lutou-se pouco. Nada disso pode impedir a avaliação da importância e representatividade das lutas travadas pelos trabalhadores no início dos anos 1960. Os que articularam o golpe e instalaram a ditadura perceberam isso.

O sindicalismo sob a ditadura militar

A CLT facultava ao Ministério do Trabalho o poder de intervir nas entidades sindicais, vetando candidaturas ou destituindo diretorias eleitas e substituindo-as por interventores. Porém vimos que governantes eleitos com um discurso de compromisso com os trabalhadores tiveram maior dificuldade em acionar esse lado repressivo da legislação. Não era esse o caso dos militares. Tão logo o golpe se consolidou, o governo militar ordenou a intervenção em 433 entidades sindicais (383 sindicatos, 45 federações e quatro confederações). A cassação dos direitos políticos e a instauração de Inquéritos Policiais Militares contra os principais dirigentes

1. As relações entre o Estado e os trabalhadores viveram diferentes fases durante o primeiro governo Vargas. Aqui as comemorações de 1º de maio em São Paulo, em 1944, ano seguinte ao do estabelecimento da CLT.

2 e 3. Manifestação dos marítimos, em frente à Câmara dos Deputados, em 1959. O movimento desembocaria no ano seguinte na greve da paridade. A foto 3 foi produzida (ou reproduzida) pela polícia política, e encontra-se armazenada em dossiê policial sobre o Pacto de Unidade de Ação. Aperj.

4 e 5. Imagens da depredação da sede do Sindicato dos Metalúrgicos do Rio de Janeiro. Interventores, IPMs e proibição de greves eram práticas da política de repressão e esvaziamento dos sindicatos durante os anos 1960 e 1970.

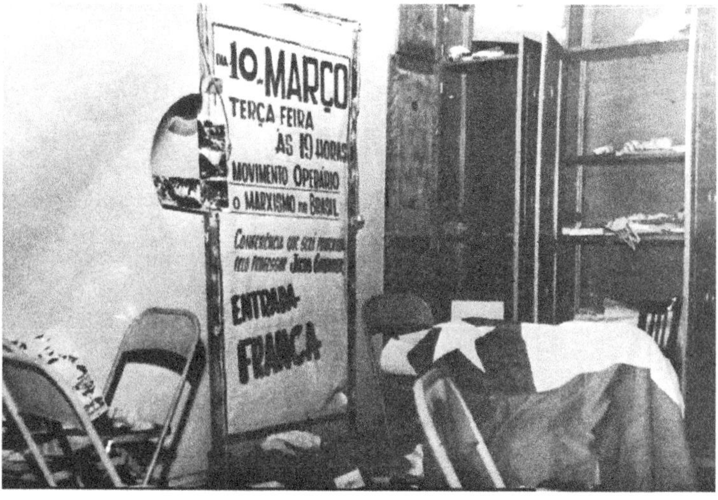

6. Lula em Assembléia do Sindicato dos Metalúrgicos de São Bernardo do Campo, em 1980, ano de fundação do Partido dos Trabalhadores.

7. Segundo Congresso Nacional da CUT, realizado no Rio de Janeiro entre 31 de julho e 3 de agosto de 1986. Fundada em 1983, a CUT foi fundamental na retomada das mobilizações sindicais nos anos 1980.

sindicais cassados criaram, para os que conseguiram escapar da prisão imediata, a alternativa da clandestinidade ou do exílio.

A articulação de militares com empresários ligados ao grande capital nacional e estrangeiro, apoiada pelos latifundiários e políticos conservadores, se deu, entre outros objetivos, em torno da proposta de conter os avanços dos movimentos organizados de trabalhadores do campo e da cidade. Por outro lado, a crise econômica que só fazia crescer desde o fim do governo JK seria combatida pela ditadura com uma receita cujo principal remédio era o arrocho salarial. Para tanto, controlar os sindicatos era fundamental. Um detalhamento do período pode ser útil para a compreensão de suas linhas gerais.

Os interventores (1964-67). Os interventores alçados à direção das entidades sindicais pelos militares não eram estranhos ao meio. Na maioria dos casos, eram representantes dos antigos grupos dirigentes, desalojados dos cargos de direção das entidades pelas vitórias nas eleições sindicais dos militantes de esquerda ligados ao PCB e ao PTB, nos anos que antecederam o golpe. Muitos tinham vínculos com os Círculos Operários católicos e com as entidades ligadas ao sindicalismo norte-americano. Não tardariam, portanto, a se reaglutinar, utilizando a máquina sindical não para representar suas categorias, mas para concretizar dois objetivos centrais: apresentarem-se como ponto de apoio dos primeiros mandatários da ditadura militar e caçar com esmero seus antigos adversários, agora tachados de perigosos subversivos.

O apoio ao governo militar ficou explícito já em junho de 1964, com a Conferência Nacional de Dirigentes Sindicais pela Defesa da Democracia e Bem-Estar do Trabalhador, realizada no Rio de Janeiro. Os objetivos dessa conferência, promovida pela CNTC, CNTTT e CNTI, espelhavam com fidelidade as novas feições do sindicalismo brasileiro: "A Conferência ... objetivou, como finalidades principais, o refortalecimento das aspirações democráticas nacionais, o estudo das melhores formas de colaboração dos trabalhadores e de suas respectivas organizações sindicais com os poderes públicos e a necessidade de mais amplo desenvolvimento do sindicalismo, sempre atuante e autenticamente livre."

A perseguição aos líderes e militantes das correntes de esquerda se fez através de inquéritos instaurados pelos interventores, que buscavam reunir provas para incriminar as antigas lideranças como subversivas, encaminhando o resultado de suas buscas para os Inquéritos Policiais Militares instalados pela ditadura. Essa prática autoritária chegava a exageros quase cômicos, não fossem trágicas suas conseqüências. É o caso do Sindicato dos Bancários do Rio de Janeiro que, nas páginas de seu jornal, logo em junho de 1964, torna claras as tarefas e os meios de ação dos interventores. Primeiro, localizar os "agentes da subversão", não só entre dirigentes, mas também entre militantes, membros das comissões e funcionários. Depois, as provas, reunidas em documentos como telegramas de cumprimentos de Prestes e do embaixador soviético ao sindicato; compromissos agendados pelos diretores (como comparecimento a atos de solidariedade ao povo cubano); ou a presença de um livro de Ferreira Gullar na Biblioteca do Sindicato. Reunindo essas "provas", os interventores pretendiam demonstrar que estavam "sempre prontos a auxiliar, no que for possível, as autoridades constituídas pela Revolução Democrática".

Como resultado, os sindicatos se esvaziavam, perdendo rapidamente o contingente mais expressivo de associados que haviam conquistado nos anos anteriores ao golpe. Para os interventores, isso não preocupava, pois não almejavam maior representatividade que a conferida pelos militares que lá os colocaram. As reivindicações das categorias no plano político e econômico foram secundarizadas, mas os interventores dedicaram-se a ampliar o setor assistencial e o patrimônio físico dos sindicatos, valendo-se para isso das verbas do imposto sindical.

A primeira fase das interventorias não conseguiria, entretanto, calar completamente a voz dos ativistas mais combativos, nem tampouco apagar da memória das categorias os avanços significativos do período anterior ao golpe, o que ficaria provado com a vitória eleitoral de chapas oposicionistas, tão logo novas eleições sindicais fossem convocadas.

Breve retorno à luta (1968-70). A ditadura criou, através da legislação autoritária, diversos mecanismos para diminuir o poder de luta dos trabalhadores e desmobilizar a ação sindical, de forma a facilitar o achatamento salarial. Eram as chamadas "leis do arrocho": proibição das greves; controle sobre os índices de reajuste salarial (unificados em torno de um único percentual anual relativo à inflação divulgada para o período anterior); fim da estabilidade aos dez anos de serviço (trocada pelo FGTS) e o desmonte do sistema previdenciário baseado nos Institutos de Aposentadoria e Pensões (IAPs), substituídos pelo INPS.

Após os primeiros anos de repressão, anunciava-se a intenção do governo de promover uma abertura política. Em meio a outros discursos oficiais que sinalizavam em direção à liberalização do regime, o ministro do Trabalho do governo Costa e Silva — Jarbas Passarinho — anunciaria, em 1967, seu apoio à "renovação sindical". Nesse momento tornaram-se menos freqüentes, embora não inexistentes, as degolas de dirigentes eleitos, e surgiu espaço para a formação de movimentos intersindicais contrários à política salarial do governo, sendo o mais conhecido denominado Movimento Intersindical contra o Arrocho (MIA).

Os dirigentes sindicais que estavam à frente desse movimento, em geral herdeiros da atuação dos comunistas em aliança com os trabalhistas nos anos pré-golpe, procuravam equilibrar as propostas de maior mobilização das bases para resistir à ditadura, com os apelos constantes à calma e à moderação na resistência, vistos como necessidade diante do medo do afastamento dos postos dirigentes dos sindicatos oficiais. A II Conferência Nacional de Dirigentes Sindicais (novembro de 1967) foi sediada no sindicato dos Bancários do Rio, onde uma diretoria identificada como ligada ao PCB havia retomado o sindicato nas eleições daquele ano. Dessa conferência participariam 169 organizações, representadas por 212 dirigentes sindicais, sendo que seis das oito confederações apareceriam como promotoras do encontro. Pelas palavras de ordem do manifesto aprovado na Conferência, e publicado em novembro no jornal *Bancário*, percebe-se um tom reivindicatório e uma diretriz política oposicionista totalmente distintos dos termos da I Conferência, já citada, realizada em 1964. As quatro principais reivindicações aprovadas foram: "1- Revogação das Leis do Arrocho Salarial; 2- Liberdade de firmar acordo com os empregadores; 3- Reajuste de salários igual ao aumento do custo de vida; 4- Reforma Agrária capaz de atender aos problemas do homem do campo."

Entretanto, essa linha não era consensual entre os grupos de esquerda que atuavam no meio sindical. Internamente às esquerdas o fracionamento era a marca, e diversas correntes e organizações surgiram fazendo a crítica ao que consideravam uma posição imobilista e conciliatória do PCB. Se no plano da ação política defendiam a luta armada como estratégia de mobilização da sociedade contra a ditadura, no plano sindical caracterizavam-se pela defesa do recurso às greves e pela busca de uma organização mais autônoma dos trabalhadores, a partir dos locais de trabalho, de forma a romper com a estrutura sindical corporativista. Na maré liberalizante, chapas com participação de membros afinados com essas concepções venceriam eleições sindicais e, em alguns casos, chegariam a tomar posse, burlando a vigilância do Ministério do Trabalho sobre os "subversivos".

É o caso do Sindicato dos Metalúrgicos de Osasco, em que a chapa de oposição presidida por José Ibrahim — então um membro da Comissão de Fábrica da Cobrasma — chegou à presidência em julho de 1967, com um programa que incluía, entre outros pontos, a luta contra as leis do arrocho e a reformulação da estrutura sindical.

Duas greves de trabalhadores metalúrgicos fechariam esse ciclo de mobilizações. A primeira em Contagem, em abril de 1968, e a outra justamente em Osasco, no mesmo mês de julho, quando tomara posse a nova diretoria. José Ibrahim explicou assim a importância do fazer greve para a proposta sindical que defendiam: "Nós nos sentíamos cobrados e pressionados. Por outro lado, fazer a greve era uma questão importante para nós, como liderança de novo tipo, que estava surgindo no movimento operário."

A greve de Contagem pegou patrões e governantes de surpresa, o que dificultou a repressão, mas em Osasco o uso da força seria devastador, anunciando uma nova fase de cassações e emparedamento da ação sindical.

Com o AI-5, em fins de 1968, e o endurecimento do regime militar nos anos seguintes, os governos ditatoriais passaram a dispensar aos sindicatos não só o rigor da repressão, mas também uma preocupação com a moldagem de um novo modelo de atuação.

Um sindicalismo para a ditadura (1970-77). Para uma caracterização superficial dos anos 1970 no Brasil deve-se levar em conta, no plano político, que a década se inaugurou em meio à fase mais violenta da repressão às oposições ao regime militar e, em especial, aos grupos políticos de esquerda que optaram pelo caminho da luta armada. No plano econômico, os primeiros anos da década foram marcados pelos altos índices de crescimento econômico, caracterizando o que a ditadura apelidou de "milagre econômico". As bases do milagre se assentavam sobre a "recessão controlada" nos anos anteriores, e sobre a capitalização do Estado através do endividamento externo, numa conjuntura favorável a essa política no mercado financeiro internacional. Tal política econômica impulsionava o desenvolvimento, através do investimento em infra-estrutura e do subsídio às empresas privadas através da produção de insumos a baixo custo nas estatais. Mas, além disso, o "milagre" tinha um outro pé dentro das próprias empresas: o arrocho salarial e a superexploração da força de trabalho que, garantidos pelo controle do governo sobre os sindicatos, elevavam em muito a lucratividade do setor privado.

O PIB cresceu anualmente em taxas superiores a 10% na maior parte do período 1968-76, chegando-se à taxa recorde de 14% de variação anual em 1974. O trabalhador, no entanto, não usufruía em nada esse crescimento. O salário mínimo chegaria a 1979 valendo 60% do que representara em 1960. Já a concentração de renda pioraria ainda mais, pois se em 1960 os 50% mais pobres da população brasileira ficavam com apenas 17,7% da renda nacional, em 1980 estavam em situação ainda pior, dispondo de 13,5% da renda. Já os 5% mais ricos da população passaram dos 27,7% da renda de que se apropriavam em 1960 para 34,7% da renda nacional em 1980.

Isso não impedia que a ditadura buscasse legitimar-se ante algumas parcelas da opinião pública.

Para tanto contava com a divulgação dos "feitos" econômicos, acentuada por um patriotismo autoritário, difundido através de grande esforço de propaganda, conhecido por slogans como o "Brasil: Ame-o ou deixe-o". Os sindicatos não estavam imunes a essa investida da ditadura em busca de bases sociais de apoio, já que, após nova leva de intervenções, os governos militares, em inícios dos anos 1970, trataram de valorizar um "novo" modelo de atuação sindical. Suas marcas seriam a ação exclusivamente assistencial e o discurso afinado com as idéias de crescimento econômico como pré-requisito para uma posterior política redistributiva. Esse lado assistencial dos sindicatos foi fortalecido pela injeção de recursos do governo, via financiamentos e doações, e reforçado pela conjuntura de início da crise da saúde pública e fim dos IAPs.

Em 21 de setembro de 1970 o presidente Médici falaria a dirigentes sindicais lançando um programa que previa novos recursos para a previdência e para as atividades assistenciais nos sindicatos. O tom da nova etapa era afirmado: "Lembre-se cada trabalhador de que o suor de sua fronte não é mais apenas o sinal vivo de sua contribuição para o engrandecimento da Pátria. É ainda o penhor de que ele se enobrece, a cada jornada de trabalho, como participante do produto nacional, crescendo e subindo na escala social, à medida que vai subindo e crescendo o Brasil."

Concretamente, eram revalorizados os serviços assistenciais nos sindicatos — como os consultórios médicos, colônias de férias etc. —, que ao mesmo tempo serviam como indicadores das ações governamentais (das quais o sindicato era um intermediário) junto aos trabalhadores e de pólo de atração para novos sindicalizados. Estes seriam vistos não tanto como representados em seus interesses econômicos pelo sindicato, mas principalmente como usuários de serviços.

Foi nessa fase que se processou o grande salto no número de sindicatos rurais no país. Autorizados no governo Goulart, em 1962, na esteira do crescimento dos movimentos no campo, somavam 625 (entre 2.730 sindicatos em geral) em 1968 e chegaram a 1.745 (num total de 3.845) em 1976. O número de sindicatos urbanos, porém, cresceu muito menos. Os dados sobre número de sindicalizados urbanos indicam um crescimento significativo ao longo do período, o que sinaliza para um relativo sucesso da proposta burocrático-assistencial na atração de novos membros para as fileiras sindicais (cerca de 100% entre 1970 e 1978). Tal crescimento foi, entretanto, apenas equivalente ao incremento em termos absolutos da população economicamente ativa empregada em atividades urbanas, não representando, portanto, aumento no percentual de trabalhadores sindicalizados.

Não se pode dizer, no entanto, que o movimento dos trabalhadores estivesse totalmente inviabilizado. As greves por categoria e a chegada de grupos políticos de esquerda às direções sindicais eram impossíveis dado o alcance da repressão, mas os ativistas mais combativos não desistiriam do trabalho de organização dos trabalhadores nas empresas. Desse trabalho e das situações vivenciadas pelos trabalhadores que produziam o "milagre econômico" resultaram diversos movimentos grevistas por empresas, de pequena duração e com motivações em geral ligadas a atrasos de pagamentos ou acidentes nas plantas industriais. Levantamentos de meados dos anos 1970 davam conta de cerca de duas dezenas de movimentos como greves e "operações-tartaruga" em diversas empresas nos anos de 1973 e 1974. Na Ford de São Bernardo, por exemplo, entre 1967 e 1969 realizaram-se várias "greves de fome" (recusa à alimentação no refeitório da empresa) e uma greve geral da fábrica em 1968, organizadas no local de trabalho por trabalhadores que seriam duramente reprimidos pela empresa. Ainda assim, no auge da repressão de 1970 foi realizada a "greve da dor de barriga", em que parte da produção parou devido às filas de trabalhadores na enfermaria.

Em 25 de novembro de 1973, o tradicional jornal *Estado de S. Paulo* publicou uma nota sobre a natureza daquelas formas de mobilização nas fábricas, em que se dizia o seguinte: "Greve é uma palavra que não se usa nas relações entre empregados e patrões, porém, às vezes, somente a palavra não é utilizada. Fala-se muito do movimento contra as horas extraordinárias, manutenção de boas relações, operação-tartaruga e, mais recentemente, surgiu uma expressão nova, a chamada 'operação zelo' ..."

Com todas as dificuldades, organizavam-se também "oposições sindicais", que estimulavam lutas "subterrâneas" contra a ditadura e a estrutura sindical. Como a Oposição Sindical Metalúrgica de São Paulo (OSMSP), que, criada em fins dos anos 1960, ao longo de toda a década de 1970 enfrentou os grupos acomodados à proposta sindical da ditadura, no sindicato, e a intransigência patronal, nas fábricas. A OSMSP, já em 1970, defendia um "sindicalismo novo, sem esperança do governo e sem meios-termos com os patrões". Esse sindicalismo novo, verdadeiro, teria que nascer "de baixo para cima, da fábrica até a organização das várias fábricas em organização de classe: o sindicato".

A Oposição Metalúrgica já falava em um "novo sindicalismo" naquele momento, mas uma nova fase de retomada das mobilizações ainda demoraria alguns anos.

O novo sindicalismo

O modelo econômico da ditadura entrava em crise evidente no final dos anos 1970, e as dissidências cresciam no interior do próprio bloco no poder. Os governos militares iniciaram então uma transição lenta e gradual para a volta dos civis ao poder. A intenção de controlar o processo pelo alto ficava evidente na forma limitada das medidas "liberalizantes", como o fim do AI-5, em 1978, a anistia política, em 1979, e a reorganização partidária.

O projeto de transição pelo alto enfrentaria, entretanto, uma vigorosa tensão contrária com o crescimento da ação organizada dos trabalhadores, através dos movimentos sociais. Abalos que começaram em 1978, com as greves do ABC. Com a palavra os trabalhadores:

> A greve nasceu de uma decisão espontânea do pessoal do diurno da ferramentaria. O pessoal do noturno estava saindo, quando o turno do dia entrou e não ligou as máquinas. Ninguém começou a trabalhar. Não se ouvia o menor barulho na fábrica. ... Das sete até as oito horas nós ficamos de braços cruzados do lado das máquinas sem fazer nada. Às oito horas chegou o gerente geral. Pelo que eu fiquei sabendo, ele olhou, viu que tinha luz, que os cartões estavam marcados, mas que ninguém estava trabalhando. Achou estranho, mas não pensou que era uma paralisação. Foi uma surpresa!

Este relato, de um dos participantes da greve, explica o início da paralisação na fábrica da Scania de São Bernardo do Campo, em maio de 1978. Reivindicando um índice maior de reajuste e revoltados com a diminuição do número de horas pagas naquele mês, os operários daquela empresa deram início a uma seqüência de greves que atingiu as diversas fábricas da área, todas seguindo modelo similar de paralisação e tendo como principal ponto de pauta a elevação em 20% do índice de reajuste concedido pela Justiça do Trabalho, de 39%.

As greves não estouraram com data marcada, nem foram convocadas pelos sindicatos, mas a coesão dos trabalhadores em torno dos movimentos indicava um acúmulo de experiências de resistência nas fábricas, um profundo descontentamento com a política salarial da ditadura e um nível razoável de representatividade do Sindicato dos Metalúrgicos de São Bernardo, que negociou os acordos para a volta ao trabalho, representando os operários nas diversas empresas. Essa representatividade maior do sindicato derivava de uma atuação dos dirigentes mais próxima dos interesses das bases, anunciada um ano antes pela campanha contra o expurgo dos índices inflacionários do começo da década pela equipe econômica da ditadura, então comandada pelo ministro Antônio Delfim Neto. Com a campanha de 1977, Luís Inácio "Lula" da Silva, o presidente do Sindicato dos Metalúrgicos de São Bernardo, tornou-se nacionalmente conhecido e passou a ser apontado como a mais importante liderança do grupo de sindicalistas que se identificava como "autêntico". Para estes, um "novo sindicalismo" dependeria da ruptura com a estrutura sindical, que atrelava os sindicatos ao Estado e dificultava uma mobilização consciente dos trabalhadores. Em entrevista datada de março de 1978, Lula afirmava que a estrutura sindical brasileira era "totalmente inadequada". Por isso, defendia o fim da contribuição sindical, que atrelava o sindicato ao Estado, e a reformulação da legislação e da estrutura sindical, pois, segundo ele "o sindicato ideal é aquele que surge espontaneamente, que existe porque o trabalhador exige que ele exista".

Por sediar o início de uma onda grevista, o Sindicato dos Metalúrgicos do ABC passaria a servir de referencial de combatividade. Porém não foi um caso isolado. Em 1978, ocorreram mais de cem greves no país, e no ano seguinte já haviam mais que duplicado em número. Foram greves que pararam metalúrgicos, motoristas e cobradores de ônibus, médicos, professores, garis, operários da construção civil, canavieiros, entre muitas outras categorias profissionais, atingindo um contingente de cerca de 3 milhões de trabalhadores.

Na seqüência desse primeiro ciclo de crescimento no número de greves, os primeiros anos da década de 1980 assistiram a uma contenção das ações grevistas. Tratava-se de uma conjuntura marcada pelo desemprego, pela crise econômica e com o empresariado e o governo já preparados para enfrentar as paralisações, através do endurecimento nas negociações e do acionamento dos mecanismos repressivos da legislação sindical. A partir de 1983, entretanto, voltou a crescer a incidência de greves, e os anos seguintes foram marcados por um ritmo intenso e inédito dos movimentos, indicando uma fase de grande atividade sindical. Das 118 greves registradas em 1978 às 3.943 paredes de 1989, foram 12 anos de crescimento no número e volume das paralisações.

GREVES NO BRASIL (1978-88)

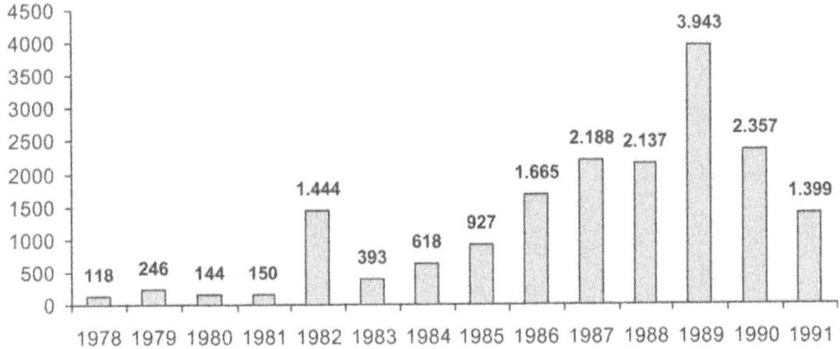

A novidade não estava apenas na quantidade das greves. Nos primeiros anos da década de 1960, guardadas as devidas proporções, o país já havia vivido uma fase de grande expansão da atividade grevista. Após 1983, entretanto, a diversidade dos movimentos foi muito maior. As greves por categoria, dominantes no primeiro impulso grevista pós-78, continuaram a existir, mas passaram a ser mais numerosas as greves por empresa. Os métodos também foram diversificados. Greves com ocupação, greves "pipoca", operações "padrão", "vaca brava" e "tartaruga" foram algumas das novas formas de paralisação que surgiram no período.

Greves nacionais (como as dos bancários em 1985, e diversas greves dos professores e servidores universitários ao longo da década) e greves de categorias "novas" na atividade sindical, como os funcionários públicos, também marcaram essa fase. Entre 1983 e 1989 foram convocadas, ainda, quatro grandes greves gerais nacionais. Apresentando variações quanto ao nível de adesão às paralisações, essas greves gerais representaram, em seu conjunto, uma possibilidade de unificação das lutas e de elevação do patamar político das demandas dos trabalhadores, que nesses casos dirigiam-se ao núcleo da política econômica dos governos, especialmente às políticas salariais, incluindo bandeiras mais gerais, como a reforma agrária e a suspensão dos pagamentos da dívida externa.

Uma das explicações para tantas greves estava na reivindicação básica dos trabalhadores naqueles anos: os reajustes salariais. As perdas provocadas pela inflação, com a crise do modelo econômico da ditadura, atingiam patamares astronômicos. Uma espiral crescente, freada apenas momentaneamente em 1986-87, elevara o patamar inflacionário dos 77,2% de 1979, na crise do milagre, para os 1.782,9% de 1989, último ano do governo Sarney, primeiro presidente civil após a ditadura.

Havia, entretanto, uma dimensão política inegável na reivindicação de reajuste salarial, ainda mais naquele contexto do fim da ditadura. Afinal, o modelo de desenvolvimento econômico dos governos militares baseava-se no arrocho salarial. E o crescimento econômico acelerado era o argumento mais usado nos discursos dos dirigentes para justificar a ditadura. As greves e reivindicações dos trabalhadores traziam a público, de forma contundente, a perversidade do modelo econômico concentrador de renda, que começava a falir.

Nos primeiros anos de governo civil, os "tratamentos de choque" para a inflação incluíram sempre o congelamento de salários. Nas greves por reajustes, o movimento sindical mostrava à sociedade que a lógica de classe dos planos econômicos era a mesma da política da ditadura: os trabalhadores pagavam a conta. Dessa forma, mesmo quando limitadas em sua pauta a reivindicações econômicas, as greves do período 1978-89 recolocavam o movimento dos trabalhadores no centro do debate político nacional.

Para explicar a onda de greves da década de 1980 é preciso recorrer, também, a outros fatores, como o novo patamar de organização alcançado pelo movimento sindical, cujo índice mais importante foi o surgimento das centrais sindicais. O sindicalismo "autêntico", simbolizado por Lula e o ABC, já havia gerado, em aliança com outros setores sociais, em 1980, o

Partido dos Trabalhadores (PT). Desde 1979, porém, grandes esforços eram feitos para aglutinar o sindicalismo combativo em torno de uma central sindical. Desses esforços originou-se a Central Única dos Trabalhadores (CUT).

Reunindo, quando de sua criação em 1983, os sindicatos identificados com as propostas do "novo sindicalismo" e as oposições sindicais que lutavam para afastar os pelegos dos sindicatos — tendo como melhor exemplo a Oposição Sindical Metalúrgica de São Paulo —, a CUT esteve por trás de boa parte das ações de retomada das mobilizações sindicais no período. No Congresso Nacional das Classes Trabalhadoras (Conclat) que fundou a CUT aprovaram-se os Estatutos da Central, que incluíam, entre outros princípios, a defesa de: democracia sindical; unidade da classe trabalhadora; liberdade e autonomia sindicais; organização por local de trabalho; em um nível estratégico mais amplo, afirmavam, em seu artigo 2º: "A CUT é uma central unitária, classista, que luta pelos objetivos imediatos e históricos dos trabalhadores, tendo a perspectiva de uma sociedade sem exploração, onde impere a democracia política, social e econômica."

Os dirigentes sindicais que se afirmavam "autênticos" e o grupo das oposições, que fundaram a CUT, mantinham entre si diferenças de concepção, principalmente quanto ao grau de compromisso ou rejeição à estrutura sindical oficial. Porém prevaleceram as proximidades, ainda mais porque a CUT não unificou, em seu surgimento, o conjunto do movimento sindical. Nos encontros intersindicais que antecederam a formação da central, em especial na Conclat de 1981, as lideranças que viriam a formar a CUT tiveram como adversários, no campo das forças que se opunham à ditadura, os sindicalistas ligados às organizações da esquerda tradicional (PCB, PC do B e MR-8), alinhados em torno da corrente "Unidade Sindical", aos quais se uniram alguns pelegos que procuravam apresentar-se como "modernos", como Joaquim dos Santos Andrade, o Joaquinzão dos Metalúrgicos de São Paulo. Defendendo que a superação política da ditadura, através da convocação de uma Assembléia Nacional Constituinte, era prioritária em relação às reivindicações econômicas dos trabalhadores, pregavam uma contenção da ação sindical e procuraram adiar ao máximo o surgimento da CUT. Como forma de organização defendiam uma central de direções sindicais, enquanto a palavra de ordem dos que fundaram a CUT era "Construir a CUT pela base".

Diante da iniciativa de criação da Central, aglutinaram-se muitos sindicatos urbanos e rurais e diversas federações e confederações da estrutura sindical oficial em torno de uma Coordenação Nacional das Classes Trabalhadoras (também Conclat), criada no mesmo ano de 1983 e que daria lugar mais tarde à Central Geral dos Trabalhadores (CGT). Aliando-se a diversos dirigentes antes ligados à ditadura e ao sindicalismo atrelado ao Estado, os militantes da esquerda comunista acabaram, pouco a pouco, por perder espaço na CGT, que por fim abandonariam para ingressar na CUT, já nos anos 1990.

A CGT daria origem a outras centrais. Embora pouco expressiva em termos de adesão dos sindicatos, uma nova central ganhou notoriedade na década de 1990, pelo apoio do governo e do empresariado à sua proposta de "sindicalismo de resultados": a Força Sindical. A nova central anunciava a adesão à lógica econômica do capitalismo e a colaboração com o empresariado como forma de obter vantagens materiais para os trabalhadores. Em sua Carta de princípios, de 1991, a Força Sindical explicitou a proposta de colaboração de classes que a movia, afirmando pretender "a busca permanente de um entendimento nacional, através de uma postura crítica e construtiva, e com base, sempre, em uma negociação política geral".

Entre as várias siglas que surgiram desde 1983, foi a CUT aquela central que conseguiu estabelecer-se como representativa, pela adesão progressiva dos sindicatos à sua proposta. Em 1983, 912 entidades participaram do congresso que fundou a central. Em 1991, 1.300 órgãos encontravam-se filiados e aptos a participar do 4º Concut. Em 2000, a CUT possuía 3.088 entidades filiadas. A representatividade da CUT pode ser medida não apenas pelo número de filiações, mas também pelo papel representado pela Central no debate político nacional e por sua capacidade de levar, ao longo dos anos 1980, milhões de trabalhadores a jornadas de lutas e mobilizações, com destaque para as greves gerais.

Considerações finais

Com a aprovação da Constituição de 1988 e as eleições presidenciais de 1989, consolidando a redemocratização, encerra-se, em certo sentido, a "era" do novo sindicalismo brasileiro. O fim do controle do Ministério do Trabalho sobre os sindicatos, do "estatuto-padrão" e da proibição de sindicalização do funcionalismo público foram conquistas inscritas naquela Carta. Mas a manutenção da unicidade sindical, do monopólio da representação, do imposto sindical e do poder normativo da Justiça do Trabalho indicaram que o novo sindicalismo não foi totalmente bem-sucedido em sua proposta, pois a estrutura sindical oficial, com a herança corporativista, continuou pesando sobre os sindicatos. Também internamente ao sindicalismo da CUT e no plano mais geral das mobilizações da classe trabalhadora, os anos seguintes marcariam uma grande mudança.

A escalada grevista dos anos 1980 foi interrompida logo no início da nova década. Números como o de cerca de 4.000 greves em 1989 não seriam repetidos.

Foram 557 greves em 1992, 653 no ano seguinte, 1.034 em 1994, 1.056 em 1995 e, em 1996, 1.258 greves, que se reduziram, em 1997, para 630. Mesmo nos anos em que o número de paralisações foi elevado, a distância em relação aos momentos de maior mobilização da década anterior foi grande, também pelo fato de o número de trabalhadores envolvidos e do número de jornadas perdidas ter apresentado uma queda bastante significativa.

É impossível prever o futuro do movimento sindical brasileiro. Sabe-se, porém, que o impacto das mudanças na economia capitalista avançada, conhecidas como "reestruturação produtiva", embora ocorra cerca de uma década mais tarde que no hemisfério norte, já causou diversas transformações no sindicalismo brasileiro. A conjuntura dos anos 1990 foi marcada pelo desemprego estrutural, políticas econômicas neoliberais (abertura da economia, privatização, desregulamentação das relações trabalhistas etc.) e agressiva ação empresarial para enquadramento dos trabalhadores que permaneceram em seus empregos nas novas metas de crescimento da produtividade. Essas características ajudam a entender o refluxo da ação sindical, marcado não apenas pelo menor número de greves, mas também pela adesão de muitas das direções da CUT a um ideário de parcerias e colaboração com o empresariado, na busca de soluções pactuadas, que pudessem frear as perdas dos trabalhadores.

A arraigada tradição de vinculação dos sindicatos ao Estado, marcada pela unicidade, monopólio da representação e poder de tributação dos sindicatos, características de matriz corporativista, desempenham, com certeza, um papel explicativo importante na análise dos rumos do sindicalismo brasileiro. Porém, nossa trajetória sindical foi marcada também por momentos significativos de luta dos trabalhadores contra a exploração econômica e a exclusão política.

Pensar no futuro do sindicalismo obriga-nos, por tudo isso, a refletir sobre seu passado. Entendemos que a identidade de classe dos trabalhadores é um processo forjado em meio a um constante recurso às memórias, de subordinações e de lutas. Por tudo isso, a reflexão sobre a trajetória histórica dos trabalhadores e seus sindicatos no Brasil mantém-se como objetivo importante.

Cronologia

1930

nov Criação do Ministério do Trabalho; Indústria e Comércio.

1931

mar Decreto nº 19.770 institui o sindicato oficial.

1935 Trabalhadores participam das mobilizações da Aliança Nacional Libertadora e muitas greves são realizadas, como a dos bancários, paralisando Rio e São Paulo e repercutindo nacionalmente.

1940

mai Decreto nº 22.162 institui o salário mínimo.

1941 Criação do imposto sindical.

1943 Instituída a Consolidação das Leis do Trabalho (CLT).

1945

abr Fundado o Movimento Unificador dos Trabalhadores (MUT).

1946

jan Governo Dutra se inicia em meio a uma onda de paralisações, como a greve nacional dos bancários.

mar Decreto-Lei nº 9.070 regula de forma restritiva o direito de greve.

set Criação da Confederação dos Trabalhadores do Brasil (CTB), logo declarada ilegal pelo governo Dutra. Promulgada a nova Constituição, que mantinha a CLT em seus aspectos trabalhistas e sindicais e definia que o direito de greve, embora assegurado, seria regulado em lei, garantindo a vigência do Decreto nº 9.070.

1947 Governo Dutra promove intervenções em centenas de entidades sindicais.

1953 Greve dos 300 Mil, em São Paulo. Formação do Pacto de Unidade Intersindical (PUI), como resultado da greve.

1960

nov Greve da Paridade paralisa os trabalhadores em transportes. Formação do Pacto de Unidade e Ação (PUA), como resultado da greve.

1961

ago Greve da Legalidade, pela posse do vice-presidente João Goulart.

1962

jul Greve por um gabinete nacionalista.

ago IV Encontro Sindical Nacional cria o Comando Geral dos Trabalhadores do Brasil (CGT).

1964 Governo militar promove a intervenção em 433 entidades sindicais.

1966-68 Legislação do "arrocho": reajustes salariais limitados à média da inflação anterior, fim da estabilidade por tempo de serviço (trocada pelo FGTS); fim dos Institutos de Aposentadoria e Pensões (substituídos pelo INPS).

1968

abr Greve dos metalúrgicos de Contagem-MG.

ago Greve dos metalúrgicos de Osasco-SP.

1978 Greve na Fábrica da Scania de São Bernardo do Campo se estende a toda a categoria metalúrgica na região e inicia um novo ciclo de greves em todo o país.

1981 Conferência das Classes Trabalhadoras (Conclat) cria a Comissão Nacional Pró-CUT.

1983

ago Congresso das Classes Trabalhadoras funda a Central Única dos Trabalhadores (CUT).

21 jun Primeira greve geral no Brasil após o golpe militar de 1964.

1984 Sindicatos participam da campanha das "Diretas Já!".

1986

12 dez Greve geral organizada pela CUT e CGT contra o descongelamento de preços anunciado dias antes.

1987

20 ago Nova greve geral convocada pela CUT e CGT.

1988 Nova Constituição cria novos direitos trabalhistas, extingue o poder de intervenção do Ministério do Trabalho sobre os sindicatos, acaba com o estatuto-padrão, libera a organização sindical do funcionalismo, mas mantém os demais elementos da estrutura sindical.

1989

14-15 mar Greve geral pela reposição das perdas dos planos econômicos.

15 nov-17 dez Primeiras eleições diretas para a Presidência da República desde 1960. Lula, o líder das greves do ABC dez anos antes, pela legenda do PT e embalado em ampla campanha popular, disputa o segundo turno com Fernando Collor de Mello, mas é derrotado.

2002

17 out Lula é eleito presidente da República.

Referências e fontes

A citação de Vargas na p.14 foi retirada de R. Rowland, "Classe operária e Estado de Compromisso", *Estudos Cebrap*, n.8 (São Paulo, abr-jun 1978, p.25). Os dados sobre sindicalização, da mesma página, foram retirados de S.A. Costa, *Estado e controle sindical no Brasil* (São Paulo, TAQ, 1986, p.23). As declarações contrárias ao modelo do sindicato oficial, da p.14-15, foram retiradas de K. Munakata, *A legislação trabalhista no Brasil* (São Paulo, Brasiliense, 1981, p.86-7). A declaração do deputado classista (p.16) foi reproduzida de A.M. Gomes (org.), *Regionalismo e centralização política* (Rio de Janeiro, Nova Fronteira, 1980, p.479). Na p.18, a convocação contra a Lei de Segurança Nacional foi retirada de E. Carone, *A segunda república* (São Paulo, Difel, 1974, p.416). A exposição de motivos da Lei de Sindicalização de 1939, citada na página seguinte, foi reproduzida a partir de A.A. Troyano, *Estado e sindicalismo* (São Paulo, Símbolo, 1978, p.40). O trecho do programa radiofônico de Marcondes Filho, na p.20-21, foi retirado do *Boletim do* MTIC n.100 (dez 1942; esta fonte é trabalhada por A.C. Gomes em *A invenção do trabalhismo.* São Paulo, Vértice, 1988). A fala de Antonio Chamorro (p.23) foi reproduzida a partir de H. da Costa, "Trabalhadores, sindicatos e suas lutas em São Paulo, 1943-

1953", in A. Fortes (e outros) *Na luta por direitos.* (Campinas, Edunicamp, 1999, p.95).

Na p.29, reproduzem-se trechos de resoluções do *Congresso Sindical dos Trabalhadores do Brasil* (Rio de Janeiro, 1947, p.9 e 43-4). Na página seguinte, os dados sobre a ação da polícia política foram retirados de L.L.C. Pereira, *Os papéis azuis da repressão* (Niterói, UFF, 1999, p.39-43. Monografia de final de curso). Na p.31, os dados sobre greves foram obtidos, para o caso paulista, em S. Sandoval, *Os trabalhadores param* (São Paulo, Ática, 1994); para o caso carioca foi utilizado J.M. Barboza, *As greves no Rio de Janeiro do pós-guerra* (Niterói, UFF, 2000. Monografia de final de curso). Na página seguinte, a referência ao discurso de Prestes, de 7.8.1945, foi retirada de E. Carone, *O PCB: 1943 a 1964* (São Paulo, Difel, 1984, vol.2, p.56). Os dados sobre as greves da p.34 vieram de J. Telles, *O movimento sindical no Brasil* (São Paulo, CH, 2ª ed. 1981). Os documentos do CGT citados nas p.42 e 47 foram reproduzidos de L.A.N. Delgado, *O Comando Geral dos Trabalhadores do Brasil* (Petrópolis, Vozes, 2ª ed. 1986, p.25 e 176). Na p.44, os dados sobre os conselhos entre os metalúrgicos do Rio vêm de L. Stuart, *A atuação dos conselhos sindicais na indústria metalúrgica do Rio de Janeiro* (Rio de Janeiro, UFRJ, 1992. Dissertação de mestrado); já as informações sobre greves na p.44 são da pesquisa de P.T. Abreu, *As greves no Rio de Janeiro (1955-1964)* (Niterói, UFF, 2001, p.76. Dissertação de mestrado).

Os dados sobre intervenções sindicais da p.49 foram obtidos em A.C. Figueiredo, "Intervenções sindicais e o novo sindicalismo", *Dados* n.17 (Rio de Janeiro, 1978). A citação da p.50 é da publicação *Conferência dos Dirigentes Sindicais* (Rio de Janeiro, 5ª ed. 1964, p.5). A entrevista com José Ibrahim, citada na p.55, está em C. Frederico, *A esquerda e o movimento operário 1964-1984* (São Paulo, Novos Rumos, 1987, vol.I, p.222). O discurso de Médici (p.57) foi reproduzido a partir de D.M. Mariz, *Pelo fortalecimento dos sindicatos* (Brasília, Senado Federal, 1970, p.13-4). Na p.60, o documento da OSMSP foi colhido em V. Gianotti, *A liberdade sindical no Brasil* (São Paulo, Brasiliense, 1987, p.34).

Na p.61 há um depoimento retirado de *A greve na voz dos trabalhadores* (São Paulo, Alfa-Ômega, 1978. Série História Imediata n.2, p.7). A fala de Lula na p.63 foi retirada da coletânea *Lula: entrevistas e discursos* (São Paulo, s/ed., 1981, p.45). O gráfico das greves, na p.64, teve como fonte E. Noronha, "Greve e estratégias sindicais no Brasil", in *Mundo do trabalho: crise e mudança no fim do século* (São Paulo, Scritta, 1994); o gráfico foi elaborado pelo próprio autor, a partir de dados do Nepp/Unicamp, Dieese e Desep. O documento "Nasce uma força — Força Sindical", citado na p.69, foi retirado de R. Antunes, *O novo sindicalismo* (São Paulo, Brasil Urgente, 1991, p.41). Por fim, os números de greves na p.70-71 são do Dieese.

Sugestões de leitura

As obras antes listadas como referências para citações ao longo do livro constituem uma bibliografia mais vasta do que as breves indicações a seguir.

- Para o período do movimento sindical brasileiro anterior a 1930, não abordado neste livro, uma boa síntese encontra-se no livro de Claudio Batalha desta coleção, *O movimento operário na Primeira república* (Rio de Janeiro, Jorge Zahar, 2000).
- Para o período 1930-45, duas obras clássicas se destacam: Luís Werneck Vianna, *Liberalismo e sindicato no Brasil* (Rio de Janeiro, Paz e Terra, 1976); e Angela de Castro Gomes, *A invenção do trabalhismo* (São Paulo, Vértice, 1988). Outro estudo importante é o de Ricardo Antunes, *Classe operária, sindicatos e partido no Brasil. Da Revolução de 30 até a Aliança Nacional Libertadora.* (São Paulo, Cortez/Ensaio, 2ª ed. 1988). Trabalho mais recente e bastante interessante é o de Adalberto Paranhos, *O roubo da fala: origens da ideologia do trabalhismo no Brasil* (São Paulo, Boitempo, 1999).
- Sobre o período 1946-64, uma boa amostra da nova historiografia é a coletânea de Alexandre Fortes (e

outros), *Na luta por direitos* (Campinas, Edunicamp, 1999). Já abordei esse recorte cronológico numa obra de minha autoria sobre o sindicalismo carioca, da qual inclusive foram retiradas diversas referências deste livro, *Novos e velhos sindicalismos no Rio de Janeiro (1955-1988)* (Rio de Janeiro, Vício de Leitura, 1998). Para duas abordagens que durante muito tempo forneceram matrizes explicativas para o tema do movimento operário, ver Leôncio Martins Rodrigues, *Conflito industrial e sindicalismo no Brasil.* (São Paulo, Difel, 1966) e Francisco Weffort, "Origens do sindicalismo populista no Brasil", *Cadernos Cebrap* n.4. (São Paulo, abr-jun 1973).

• As discussões sobre o período posterior a 1964 podem ser aprofundadas nas leituras de: Vito Gianotti, *Liberdade sindical no Brasil* (São Paulo, Brasiliense, 2ª ed., 1987); Maria Hermínea T. de Almeida, *Crise econômica e interesses organizados* (São Paulo, Edusp, 1996); Ricardo Antunes, *O novo sindicalismo* (São Paulo, Brasil Urgente, 1981); e Eder Sader, *Quando novos personagens entraram em cena: experiência e luta dos trabalhadores da grande São Paulo* (Rio de Janeiro, Paz e Terra, 1988).

Sobre o autor

Sou professor do Departamento de História da Universidade Federal Fluminense (UFF), onde cursei o mestrado e o doutorado, após ter feito a graduação do outro lado da baía, na Universidade Federal do Rio de Janeiro (UFRJ). Venho desenvolvendo há vários anos pesquisas sobre os trabalhadores brasileiros, suas organizações (políticas ou sindicais) e sua ação coletiva. Com base nessas pesquisas, publiquei alguns livros, capítulos e artigos em periódicos acadêmicos, entre os quais o livro *Novos e velhos sindicalismos no Rio de Janeiro (1955-1988)* (Rio de Janeiro, Vício de Leitura, 1998) e a organização da coletânea *História: pensar e fazer* (Niterói, LDH/UFF, 1999). Hoje, realizo pesquisas sobre a formação da classe no Rio de Janeiro de fins do século XIX e início do século XX e sobre as greves cariocas no período 1945-64, apoiadas pelo CNPq e pela Faperj, respectivamente.

Minha relação com as organizações e movimentos de classe, porém, não se resume à de um pesquisador com seu objeto. Trabalhei e trabalho em cursos de formação sindical e participo do movimento sindical dos docentes de instituições de ensino superior, através do seu Sindicato Nacional, o ANDES-SN e da Seção Sindical deste na UFF, a ADUFF-SSind.

Por fim, porém mais importante, sou casado com Adriana, sou pai do João e tento ser um pouco também da Giulia. Continuo acreditando na necessidade e na possibilidade de um outro mundo e no Flamengo. Tudo isso está presente neste e nos demais trabalhos que realizo.

Coleção Descobrindo o Brasil

direção: Celso Castro

A modernização da imprensa (1970-2000)
Alzira Alves de Abreu

O Brasil no império português
Janaina Amado e Luiz Figueiredo

Os intelectuais da educação
Helena Bomeny

A era do rádio
Lia Calabre

A invenção do Exército brasileiro
A proclamação da República
Celso Castro

O Estado Novo
Maria Celina D'Araujo

A belle époque amazônica
Ana Maria Daou

O livro e a leitura no Brasil
Alessandra El Far

O pensamento nacionalista autoritário
Boris Fausto

Os índios antes do Brasil
Carlos Fausto

Os brasileiros e a Segunda Guerra Mundial
Francisco César Ferraz

Rebeliões no Brasil Colônia
Luciano Figueiredo

Palmares, ontem e hoje
Pedro P. Funari e Aline V. Carvalho

A arte rupestre no Brasil
Sambaqui: arqueologia do litoral brasileiro
Madu Gaspar

As formas do espaço brasileiro
Pedro Geiger

Cidadania e direitos do trabalho
Angela de Castro Gomes

Negros e política (1888-1937)
Flávio Gomes

Código Civil e cidadania
Keila Grinberg

Como falam os brasileiros
Yonne Leite e Dinah Callou

Uma viagem com Debret
Valéria Lima

O nascimento da imprensa brasileira
Isabel Lustosa

Escravidão e cidadania no Brasil monárquico
Hebe Maria Mattos

Os evangélicos
Clara Mafra

O sindicalismo brasileiro após 1930
Marcelo Badaró Mattos

Da Bossa Nova à Tropicália
Santuza Cambraia Naves

Arqueologia da Amazônia
Eduardo Góes Neves

O Brasil dos imigrantes
Lucia Lippi Oliveira

Política externa brasileira
Leticia Pinheiro

Ditadura militar, esquerdas e sociedade
Daniel Aarão Reis

A Independência do Brasil
Iara Lis C. Souza

Partidos políticos no Brasil (1945-2000)
Rogerio Schmitt

O Império em procissão
Lilia Moritz Schwarcz

Modernismo e música brasileira
Elizabeth Travassos Lins

A fotografia no Império
Pedro Karp Vasquez

Brasil de todos os santos
Ronaldo Vainfas e Juliana Souza